智库视角：

打造具有核心竞争力的科技创新高地

张小菁　管冲　蒋威　甘甜　李斌 ◎ 编著

Think-tank Perspective:

Create a Scientific and Technological Innovation Highland with Core Competitiveness

中南大學出版社
www.csupress.com.cn
·长 沙·

前言

创新是引领发展的第一动力。党的十八大以来，习近平总书记先后3次赴湖南考察调研，作出系列重要指示，勉励湖南打造具有核心竞争力的科技创新高地，赋予湖南科技创新全新坐标和重大使命。湖南省第十二次党代会提出全面落实“三高四新”战略定位和使命任务，并对“打造具有核心竞争力的科技创新高地”作出专题部署。十年来，在省委、省政府的坚强领导下，全省上下深入实施创新驱动发展战略，加快推进以科技创新为核心的全面创新，关键指标实现了“两千三万”新跨越，“三超”“三深”等科技成果世界领先，“四大实验室”等创新平台加快建设，创新综合实力连续进位，居全国第11位，湖南已经具备在更高起点、更高层次、更高目标上推进具有核心竞争力的科技创新高地建设的基础和实力。

《智库视角：打造具有核心竞争力的科技创新高地》是2020年度创新型省份建设专项“十四五”科技创新重大战略选题项目“湖南打造具有核心竞争力的科技创新高地的行动方案”的研究成果。本书凝聚了湖南省科学技术信息研究所研究团队的智慧心血和艰辛付出，也积极吸纳了湖南省社会科学院、湖南省委党校等单位专家学者的相关研究成果。组织出版此书，是我们对湖南打造具有核心竞争力的科技创新高地理论思考和实践成果的集中展示和有益探讨，是我们为全面落实“三高四新”战略定位和使命任务、建设现代化新湖南提供的智力成果和决策参考，也是我们为喜迎党的二十大胜利召开献上的一份薄礼。

全书紧扣“打造具有核心竞争力的科技创新高地”主题，以“四高一生态”为主线，分为总报告、产业篇、技术篇、人才篇、平台篇和创新生态篇六个部分。“总报告”全面梳理湖南省科技创新的基础与优势，深入分析科技创新面临的困难与挑战，研究提出湖南省打造具有核心竞争力的科技创新高地的思路和措施。“产业篇”围绕抢占产业制高点，汇集关于科技支撑“双碳”、工程机械产业、先进复合材料、智能农机、“科技+文化”等方面的研究成果。“技术篇”围绕抢占技术制高点，汇集关于基础学科建设、轨道交通技术攻关、技术成熟度评价等方面的研究成果。“人才篇”围绕抢占人才制高点，汇集关于科技人才评价激励、科研人员评价制度改革、创新人才培养等方面的研究成果。“平台篇”围绕抢占平台制高点，汇集关于战略科技力量、高新区发展、长株潭区域科技创新中心等方面的研究成果。“创新生态篇”围绕营造一流创新生态，汇集关于科技投入、科技创新政策、科技期刊发展等方面的研究成果。

《智库视角：打造具有核心竞争力的科技创新高地》最终顺利出版，得到了湖南省科学技术厅领导及相关处室的悉心指导和大力支持，得到了湖南省社会科学院、湖南省委党校等单位专家学者的大力支持，彭富国教授等对本书的编写提出了很好的建议，雷蕾、刘素、文浩等同志对本书的审修、校对付出了辛勤劳动，在此一并表示感谢！希冀本书能为我省广大科技工作者、理论研究者、实践探索者推动湖南打造具有核心竞争力的科技创新高地提供一些有意义的参考。由于时间仓促，书中难免有不足和遗漏之处，真诚地希望广大读者批评指正并提出宝贵意见。

编著者

2022 年 8 月

目 录

第四部分　人才篇

第五部分　平台篇

第六部分　创新生态篇

第一部分

总报告

湖南奋力打造具有核心竞争力的科技创新高地研究分析报告[①]

张小菁 管 冲 蒋 威 李维思 李 斌
李志胜 周海球 章国亮 严安平 石海林[②]

2020年9月16日—18日，习近平总书记考察湖南时，要求湖南着力打造国家重要先进制造业、具有核心竞争力的科技创新、内陆地区改革开放的高地。湖南省第十二次党代会对"打造具有核心竞争力的科技创新高地"作出了战略部署，明确了科技创新高地建设的目标任务与实现路径。打造具有核心竞争力的科技创新高地，是习近平总书记对湖南科技创新明确的新定位、赋予的新使命，是服务国家高水平科技自立自强和世界科技强国建设的主动作为，是湖南推动高质量发展、奋力建设社会主义现代化新湖南的关键所在。本报告全面梳理湖南科技创新的基础与优势，深入分析所存在的短板与问题，着重提出打造科技创新高地的对策建议。

一、湖南科技创新的基础与优势

党的十八大以来，全省上下深入实施创新驱动发展战略，以创新型省份建设为统

① 本报告为2020年度创新型省份建设专项"十四五"科技创新重大战略选题项目"湖南打造具有核心竞争力的科技创新高地的行动方案"的阶段性研究成果。

② 张小菁，湖南省科学技术信息研究所所长、研究员，主要研究方向为科技战略与政策；管冲，湖南省科学技术事务中心副主任，主要研究方向为科技战略与规划；蒋威，湖南省科学技术信息研究所副所长、副研究员，主要研究方向为科技战略与政策；李维思，湖南省科学技术信息研究所副所长、副研究员，主要研究方向为产业竞争情报；李斌，湖南省科学技术信息研究所助理研究员，主要研究方向为科技战略与政策；李志胜，湖南省科学技术信息研究所助理研究员，主要研究方向为科技战略与政策；周海球，湖南省科学技术信息研究所副研究员，主要研究方向为产业竞争情报；章国亮，湖南省科学技术信息研究所助理研究员，主要研究方向为产业竞争情报；严安平，湖南省科学技术信息研究所助理研究员，主要研究方向为产业竞争情报；石海林，湖南省科学技术信息研究所助理研究员，主要研究方向为产业竞争情报。

揽，加快推进以科技创新为核心的全面创新。全省创新综合实力显著提升，2021 年居全国第 11 位，研发经费投入、技术合同成交额双破千亿元，高新技术企业、科技型中小企业双破万家，高新技术产业增加值迈上万亿元台阶，“三超”“三深”等科技成果世界领先，“四大实验室”等创新平台加快建设，“十三五”期间湖南科技创新工作 5 年 5 次获得国务院真抓实干表彰激励，全国政协副主席万钢点赞湖南“自主创新长株潭新现象”，打造具有核心竞争力的科技创新高地其时已至、其势已成。

(一) 基础研究方面：基础研究综合竞争力居全国第一方阵，国家及省级自然科学基金项目数量与经费快速增长，材料科学与工程、信息科学等优势学科和核心论文数量居全国前列

根据《中国基础研究竞争力报告 2021》研究评价，湖南省 2020 年基础研究综合竞争力在全国排名第 11 位、中部地区第 3 位，整体实力处于全国第一方阵。自然科学基金项目数量与经费快速增长。“十三五”期间，全省共获国家自然科学基金立项 6826 项，获资助经费 35.38 亿元，较“十二五”分别增长 21%、12%，其中，建筑与土木工程、计算机科学等学科领域承接的项目最多。省自然科学基金的规模从 2015 年的不足 2700 万元增加到 2021 年的 1.8 亿元。2021 年我省共立项省自然科学基金项目 2943 项、经费总额 1.8 亿元，较 2016 年分别增长 408%、590%。

优势学科和核心论文发文数量居全国前列。中南大学等 5 所高校 15 个专业跻身国家第二轮“双一流”建设高校及学科(数量均为全国第 8 位)，拥有 7 个 A+学科(全国第 6 位)、25 个 A 类学科(全国第 10 位)、57 个全球 ESI 前 1%学科。综合来看，中南大学的材料科学与工程、冶金工程、矿业工程，湖南大学的化学、机械工程，国防科技大学的计算机科学与技术、软件工程、信息与通信工程、管理科学与工程等学科，是我省具有较大优势的学科。据统计，截至 2021 年底，我省共发表 SCI 论文 204880 篇，其中高被引论文 2399 篇，均居中部地区第 1 位；高被引论文主要集中于材料科学与工程、化学科学、信息科学、数理科学等学科领域。

(二) 关键核心技术方面：“三超”“三深”等创新成果世界领先，在先进制造、生物育种、新材料等技术领域，掌握了一批具有“领跑”“并跑”水平的关键核心技术

“十三五”以来，全省累计获国家科技奖励 114 项，通用项目主持数居全国第 6 位，攻克关键核心技术 200 余项，120 余项重大原创成果和前沿技术取得突破。超级杂交稻不断刷新“中国产量”，“天河”系列超级计算机频频展现“中国算力”，超高速轨道交

通牵引技术支撑高铁跑出“中国速度”，北斗卫星、“海牛Ⅱ号”深海钻机、广域电磁勘探装备、“京华号”盾构机等吹响向“深空”“深海”“深地”进军的号角。

先进制造、生物育种、新材料等领域技术创新成果丰硕。全球最长臂架泵车、全球最大吨位履带起重机、中低速磁悬浮列车、中小航空发动机等“国之重器”占据产业技术制高点；杂交水稻育种与应用技术稳居国际领先地位，鱼类远缘杂交和多倍体育种技术世界领先，在全国率先育成辣椒首个胞质雄性不育系，育成全国第一个“双低”优质油菜品种，水稻、玉米、杂交稻、辣椒等商业化育种规模及水平居国内第一；高温难熔金属、超大型轻合金构件、碳纤维材料等打破国外垄断。

（三）科技创新平台方面：各类创新平台数量逐步增长，先进制造、现代农业、先进计算等领域国家级创新平台实力强，区域创新平台加快布局，高新区成为我省经济发展的重要增长极

截至2020年底，全省共有各类科技创新平台1676个，包括：基础研究平台370个（国家级32个），技术创新平台1290个（国家级131个），科研基础设施16个（国家级6个）。全部国家重点实验室、90%的国家级技术创新平台、85%的省级重点实验室、68%的省级技术创新平台集聚在长株潭地区。据统计，我省创新平台主要集中分布在先进制造、现代农业、先进计算、新材料等领域，其中先进制造、现代农业领域分别有国家级平台11个、7个，均居中部第1位；在先进计算领域拥有中西部第一家国家超级计算长沙中心和湖南国家应用数学中心。

研发创新平台优化赋能。建有19家国家重点实验室、14家国家工程技术研究中心，数量均居全国第8、中部第2位；国家制造业创新中心、应用数学中心、基础科学中心均有1家，国家技术创新中心（含分中心）、企业技术创新中心、临床医学研究中心、野外科学观测站分别达2家、59家、3家、5家；岳麓山大学科技城、马栏山视频文创产业园“两山”平台加快发展，启动建设岳麓山实验室、岳麓山工业创新中心、湘江实验室、芙蓉实验室“四大实验室”，大力推进国家超级计算长沙中心升级、大飞机地面动力学试验平台等重大科技基础设施建设。

区域创新平台加快布局。获批全国第10个创新型省份，长株潭国家自主创新示范区、郴州国家可持续发展议程创新示范区等先后获批建设，长沙创新实力升至国家创新型城市第8位，4个国家创新型城市、3个国家创新型县市、8个国家高新区、13个国家农业科技园区等成为科技创新重要载体。建有国家及省级高新区49家（省级41家），全省高新区以占全省0.47%的国土面积，创造了全省1/7的GDP、1/4以上的工业增加值、1/5以上的出口额、1/3的上缴税金，高新区成为我省经济创新发展的重要支撑和增长极。

（四）科技人才方面：高层次科技人才队伍不断壮大，一批省级人才成长为国家级人才，先进制造等领域人才资源优势明显

近年来，湖南以“芙蓉人才行动计划”为指引，大力推进科技人才培养、引进、使用、评价、激励等工作，形成从大学生、博士后、湖湘青年英才、科技领军人才到院士的全链条、全谱系的科技人才梯队引培体系。

高层次科技人才队伍初具规模。截至2021年底，全省共有国家级、省级高层次科技创新人才3100余人，其中，全职在湘两院院士42名，国家杰青、优青155人。“十三五”期间，新增选两院院士11名，218名省级人才成长为国家级人才。我省高层次科技创新人才中45岁以下者占比近60%，青年人才成为科技创新主力军。

先进制造等领域人才集聚效应显现。在先进制造、新一代信息技术、新材料、生物医药、现代农业等高新技术领域集聚了一批高层次科技创新人才，且在国内具有一定优势。如，我省共有两院院士42人，其中先进制造业及相关领域有16人，占比达38%。

（五）科技成果转化方面：技术合同成交额大幅增长，授权发明专利全国排名逐年提升，成果转化服务体系日趋完善

技术合同成交额大幅增长。2021年，技术合同成交额达1261.26亿元，排名全国第12位、中部第3位，是2015年（105.06亿元）的12倍（见表1）。授权发明专利全国排名逐年提升。2021年，我省共获授权发明专利16564件，全国排名由2019年的第12位逐年提升至第10位，中部地区排名连续保持在第3位（见表2）。

成果转化服务体系化日益完善。建有潇湘科技要素大市场及12个分市场（工作站）、省级技术转移示范机构10家；省级及以上众创空间、孵化器、大学科技园等服务载体340家，在孵企业12400余家，累计获得投融资金额124亿元。

表1 2019—2021年中部地区技术合同成交额及全国排名

地区	2019年		2020年		2021年	
	成交额/亿元	全国排名	成交额/亿元	全国排名	成交额/亿元	全国排名
全国	22398.39	—	28251.51	—	37294.30	—
湖北	1449.63	6	1686.97	7	2111.63	7
湖南	490.69	12	735.95	11	1261.26	12
安徽	452.72	14	672.19	12	1800.33	9

续表1

地区	2019 年		2020 年		2021 年	
	成交额/亿元	全国排名	成交额/亿元	全国排名	成交额/亿元	全国排名
河南	234.07	17	384.50	16	608.89	16
江西	148.61	21	233.43	19	413.99	17
山西	109.84	23	44.98	26	134.47	23

资料来源：科技部火炬中心公开信息。

表 2 2019—2021 年中部地区授权发明专利及全国排名

地区	2019 年		2020 年		2021 年	
	数量/件	全国排名	数量/件	全国排名	数量/件	全国排名
全国	360919	—	440691	—	696070	—
安徽	14958	7	21432	7	23661	7
湖北	14178	8	17555	8	22378	8
湖南	8479	12	11537	11	16564	10
河南	6991	14	9183	13	13534	12
江西	2744	22	4407	20	6743	19
山西	2300	23	2987	23	3917	23

资料来源：国家知识产权局公开信息。

(六)创新主体方面：湖南科教资源密集度中部领先，高新技术企业实现大幅增长，企业技术创新实力较强，新型研发机构成为创新主体新力量

科教资源密集度中部领先。全省有普通高校 114 所，普通高等教育在校生 159.6 万人，研究生教育在校生 11.1 万人，有中南大学、湖南大学、国防科技大学等 3 所“世界一流大学”建设高校，在全国省会城市中居第 3 位。岳麓山大学科技城拥有 20 多家高校院所、50 多个国家和省部级重点实验室，汇聚了 40 余名两院院士、30 余万名在校大学生、10 余万名科研人员，成为全省科教资源最密集区。

创新型企业规模和企业创新实力居全国前列。企业技术创新能力连续两年全国排名第 8 位、中部第 1 位。全省高新技术企业数量从 2015 年的 1817 家增至 2021 年的 11063 家(全国第 10 位)，增长 5 倍；全省 62%的高新技术企业聚集在长株潭地区，实现全省高新技术企业 68%的工业总产值。湖南共有 232 家国家专精特新“小巨人”企

业，排名全国第7位、中部第1位。长沙北斗研究院等31家机构备案为省级新型研发机构，另有51家机构被列入湖南省新型研发机构建设培育库。

（七）创新生态方面：科技体制改革不断深化，科技创新投入大幅增长，科技金融发展态势良好，创新创业生态不断优化

科技体制改革不断深化。完成《湖南省高新技术发展条例》等4部地方性法规规章的修订、制定，先后出台省级科研经费管理“二十条”、全国首个省级层面的人才评价管理办法等近百份科技创新政策文件，省政府专门设立高新技术企业经济贡献奖，全社会研发投入奖补政策对企业、高校、科研院所三大创新主体全覆盖。开展“四唯”清理、九大减负、外国高端人才服务“一卡通”试点等行动，实行“揭榜挂帅”、经费“包干制”等改革，科研院所改革、军民协同创新、专利权出资注册公司、科技计划管理改革等多项举措获中央改革办、科技部的肯定和推介，“自主创新长株潭新现象”全国瞩目。

科技创新投入大幅增长。2020年，全省全社会研发经费投入总量达到898.7亿元，研发投入强度2.15%；研发经费投入强度从1.50%提升至2.15%，提高0.65个百分点，是全国同期平均提升幅度的2.24倍（见表3）。2020年，全省财政科技投入规模达到220.66亿元，是2016年的3.09倍；财政科技支出占地方财政支出的比重从1.13%提升至2.63%。

科技金融有效助力科技创新。“十三五”期间，湖南省知识产权质押合同登记数共计927笔，质押知识产权（专利、商标）共4483件，质押融资金额共计125.02亿元。2021年，科技型企业知识价值信用贷款试点已发放纯信用贷款超1.70亿元。建立了涵盖175家高新技术企业的科创板上市后备企业库，我省已有12家企业成功登陆科创板，数量排名全国第8位、中部第2位。

表3　2016—2020年全国及湖南省研发经费投入总量及强度情况

指标		年份				
		2016	2017	2018	2019	2020
全国	研发投入总量/亿元	15676.7	17606.1	19677.9	22143.6	24393.1
	研发投入强度/%	2.11	2.13	2.19	2.23	2.40
湖南省	研发投入总量/亿元	468.8	568.5	658.3	787.2	898.7
	研发投入总量排名	12	10	10	10	10
	研发投入强度/%	1.5	1.68	1.81	1.98	2.15
	研发投入强度排名	15	15	13	13	13

资料来源：根据历年全国科技经费投入统计公报公开信息。

二、湖南省科技创新的短板分析

湖南科技创新高地虽有优势，但面临着“不进则退、慢进亦退”的激烈竞争，需要我们以时不我待、只争朝夕的紧迫感，补短板、强弱项。

(一)高能级科技创新平台建设需加强

重大标志性平台数量少，我省国家实验室尚为空白，大科学装置暂未实现“零”的突破；高水平省实验室我省尚未建成，其他省份已建有多个，如安徽 14 个、广东 10 个、湖北 7 个、浙江 4 个、江苏 3 个。我省各类科技创新平台普遍规模不大、投入不足，投入对象主要为新建立的平台，对于已经建设运行的平台缺少长期稳定的资金支持。部分平台运行机制不畅，贯通基础研究、技术创新、成果转化、产业化等各个环节的协同创新不够。

(二)部分产业关键核心技术依然受制于人

我省工程机械、信息、生物医药等领域的关键技术与制造工艺、核心零部件对国外依赖程度高，液压件、发动机、关键控制元件等单位价值、附加值高的关键零部件对国外依赖程度高，关键技术被“卡脖子”的风险凸显。我省高端芯片、工业软件、工作母机、生物育种、高端医疗器械等领域的关键技术与制造工艺、核心零部件依然受制于人，亟待重点攻关的“卡脖子”技术有近百项。

(三)高层次科技领军人才相对不足

院士等战略领军人才规模仍显不足。2021 年，我省有在湘院士 42 名，虽在中部地区排第 2 位(湖北 81 名、安徽 39 名、河南 25 名、山西 9 名、江西 5 名)，相比中国科学院院士 849 人、中国工程院院士 955 人，我省分别占比只有约 1%和 3%。青年拔尖人才培养力度亟待加强，近三年我省 18 人入选国家杰青，明显低于湖北(46 人)、安徽(43 人)。引才留才政策需要加强，人才政策相比沿海地区缺乏优势，同时受重大创新平台较少及经济发展整体水平不高等因素制约，导致对高端人才来湘吸引力不大。

(四)科技创新投入需进一步加码

“十三五”我省研发经费投入快速提升，财政科技投入增长 3.3 倍，但横向比较，仍然存在差距。2020 年，全省全社会研发经费投入强度为 2.15%，低于湖北(2.3%)、安徽(2.28%)，与全国平均水平(2.4%)差 0.25 个百分点(据公报数据)。全省地方财政科技投入总量为220.66亿元，居中部第4位，而安徽、湖北的财政科技投入总量分别为369.7亿元、287.86亿元，分别是湖南的1.7倍、1.3倍；全省地方财政科技支出占地方财政支出比重为2.63%，与安徽的4.95%、湖北的3.41%均有较大差距。全省基础研究投入占研发投入的比重为3.84%，低于全国平均水平（6.01%）2.17个百分点，在全国排名第24位、中部第5位，低于安徽（6.89%）、山西（5.41%）、湖北（4.53%）、江西（3.85%）。

（五）科技成果转化结构性矛盾突出

成果供给与市场需求脱节。部分科研工作者重基础研究、轻应用研究，重论文、轻成果转化，不了解市场情况和企业需求，没有真正形成以需求为导向、以市场为依归的研发模式。如，2020年，全省高校实现技术合同输出成交额占全省技术合同输出成交额的1.97%，低于全国平均水平（1.99%），低于安徽（3.2%）、湖北（2.23%）。省内企业吸纳承接技术创新成果的能力与动力不足，技术合同成交额长期处于“出大于进”，存在“省内开花省外结果”现象。如，2021年技术合同输出金额1261.3亿元（全国第12位）、吸纳金额922亿元（全国第14位），净输出339亿元，技术合同吸纳金额比湖北少600多亿元，不足安徽的一半。科技成果转化政策激励不够，不敢转、不想转问题突出，职务科技成果属国有资产，大多数高校院所担心国有资产流失被追责，不敢转，担任领导职务的科研人员对于成果转化应得收益存在“难兑现”和“怕追责”顾虑，且人才评价、考核指标中“科技成果转化成效”指标比重不高，导致科研人员不想转。

（六）创新主体活力有待进一步激发

创新能力强的企业数量偏少、规模偏小。截至2021年底，我省共有高新技术企业11063家、科技型中小企业入库11401家，数量均居中部第3位。2021年我国共有143家公司上榜《财富》世界500强企业，中部地区只有湖南没有世界500强企业；由中国企业联合会、中国企业家协会发布的“2021中国企业500强”榜单显示，湖南上榜7家，排名中部第5位；由全国工商联发布的“2021中国民营企业500强”榜单显示，湖南上榜7家，居全国第13位，低于湖北（16家）、河南（12家）；湖南共有62个国家企业技术中心，全国排名第13位，中部排名第4位，低于河南（88个）、安徽（76个）、湖北（74个）。创新生态亟待进一步优化，产学研用协同联动不紧密，企业与科研机构、大学之间开展协同创新机制亟待加强，创新政策协同不足、体系化程度不高、扶持力度不大，创新治理能力和治理体系现代化亟须加强。

三、打造科技创新高地的对策建议

打造具有核心竞争力的科技创新高地，是习近平总书记从国家发展战略和科技强国建设的全局考量，对湖南“十四五”及未来科技创新发展赋予的全新坐标定位和重大使命任务。湖南省第十二次党代会报告对“打造具有核心竞争力的科技创新高地”进行了专门部署，提出了使湖南成为原始创新的重要策源地、关键核心技术的重要诞生地、重大创新平台的重要集聚地、科技成果转化的重要承接地、一流创新人才的重要汇集地，为当前和今后五年湖南科技创新工作明确了目标任务、提供了科学指引。新的征程上，要深入贯彻习近平总书记关于科技创新重要论述，坚持“四个面向”，全面落实“三高四新”战略定位和使命任务，以打造具有核心竞争力的科技创新高地为目标，深化创新型湖南建设，积极抢占产业、技术、人才、平台制高点，持续优化创新生态，发展壮大战略科技力量，努力推进科技自立自强，以高水平科技创新支撑引领高质量发展，为建设社会主义现代化新湖南贡献科技力量。

(一) 提升基础研究与应用基础研究水平，打造原始创新的重要策源地

1. 突破前沿原创引领技术

瞄准世界科学前沿趋势，聚焦国家及我省重大战略任务，在应用数学、人工智能、深海探测、先进制造、新材料、认知科学、生命健康、粮食安全、环境保护等领域，凝练一批重大科学问题，前瞻部署一批长期性基础研究和应用基础研究项目，努力弄通“卡脖子”技术的基础理论和技术原理。

2. 提升优势学科基础研究能力

紧密对接国家“双一流”高校及学科建设，推进高等院校强基计划，加强基础科学和技术科学交叉融合，打造 10 个左右世界一流、壮大 40 个左右国内一流的理工农医学科。依托我省优势学科，建设 3 个左右基础学科研究中心。

3. 持续加大基础研究投入

针对前沿科学和重点领域重大技术问题，长期安排基础研究重大项目资金，稳定实施国家自然科学基金区域创新发展联合基金(湖南)项目，优化省市联合基金、科卫联合基金、科教联合基金和科药联合基金资助体系。以“政府引导、社会参与”的方式，积极鼓励社会各界以捐赠、建立基金等方式加大对基础研究的投入，探索建立自然科

学基金企业创新发展联合基金，在全社会营造重视基础研究、支持基础研究的良好氛围。

（二）打好关键核心技术攻坚战，打造关键核心技术的重要诞生地

1. 攻克产业链关键核心技术

聚焦“3+3+2”产业集群和产业发展“万千百”工程，梳理“卡脖子”技术、反遏制技术、撒手锏技术、颠覆性技术“四张清单”，精准部署实施重点科技专项。滚动编制湖南省先进制造业关键产品攻关项目清单，每年组织实施“产品创新强基项目”。加强生物育种关键核心技术攻关，在低镉水稻等领域创制一批重大战略品种，支撑粮食安全和种业安全。加快推动传统产业进行数字化智能化改造升级，积极推广低碳、节能、清洁生产和资源利用等技术、装备和产品。

2. 探索关键核心技术攻关新型举国体制的湖南模式

发挥好集中力量办大事的体制和制度优势，充分发挥政府的组织协调和规划引领作用，优化重大研发项目权责分工，以“十大技术攻关项目”为示范，部署实施一批重大科技攻关项目，实行“揭榜挂帅”“赛马争先”等制度，推动重点领域项目、基地、人才、资金一体化配置，保障创新主体和研发团队的成果转化、收益分配权和知识产权。要推动有效市场和有为政府的结合，充分发挥市场在资源配置中的决定性作用，发挥企业创新主体作用，健全重大关键技术产学研用联合研发参与主体的权责机制，按照权责相符、贡献收益相符的原则，明晰所有参与创新主体知识产权合理分配规则，建立协作联动的有效秩序，形成功能互补、深度融合、良性互动的高效有序协同攻关机制。

（三）强化高能级创新平台建设，打造重大创新平台的重要集聚地

1. 完善湖南省实验室建设体系

以岳麓山实验室、湘江实验室、芙蓉实验室三大湖南省实验室和岳麓山工业创新中心为牵引，推进高能级创新平台建设，带动实验室体系和技术创新体系全面提升。对标国家实验室，全力推进岳麓山实验室建设，打造国家种业创新战略科技力量。聚焦先进计算与人工智能建设湘江实验室，加快在算力、算法和算据等关键领域实现突破。聚焦精准医学建设芙蓉实验室，在精准检测与诊断、精准药物与治疗、精准器械与干预三大方向进行布局。聚焦工业“五基”攻关建设岳麓山工业创新中心，加强公共

创新服务和关键技术联合攻关。抢抓国家重点实验室体系重组机遇，坚持“争先保优、联合创优、调整做优”，确保国家重点实验室数量在全国占比稳中有升。

2. 优化提升省级创新平台

依托龙头企业、央企，联合有关高校、科研院所，组建3~5个体系化、任务型、覆盖全产业链的湖南省技术创新中心。加强定期评估、动态管理，优化提升现有省工程研究中心、制造业创新中心、临床医学研究中心功能布局，积极创建各类国家级重大创新平台。启动建设“湖南科技云”平台，提升科技政务服务水平，促进科技资源开放共享。

3. 布局重大科技基础设施建设

高质量完成国家超级计算长沙中心升级建设，支持新一代“天河”超级计算机研制工作，争取率先在湘落户。立足湖南实际，面向发展需求，积极推动建设大飞机地面动力学试验平台、轨道交通大科学装置、航空发动机冰风洞实验装置等重大科技基础设施。

（四）优化成果转化服务体系，打造科技成果转化的重要承接地

1. 完善科技成果转化政策

制定、完善有利于科技成果本省转化的奖补激励政策，提高高校科技成果本土转化率。开展赋予科研人员职务科技成果所有权或长期使用权试点，推动建立赋权成果“负面清单”。完善科技成果转化利益分配机制，畅通基础研究、技术创新、成果转化、市场应用全链条，加速科技优势转化为发展优势。改革科技成果评价办法，引导和规范第三方评价，加快形成市场化的科技成果评价机制。加快军民科技融合，协同推进湖南先进技术研究院建设。

2. 优化科技成果转化服务体系

加强潇湘科技要素大市场体系建设，实现分市场全省覆盖，在有条件的县市或行业建设工作站。新建一批省级孵化器、众创空间和星创天地，培育大学科技园，争创国家级双创载体，构建完善“众创空间+孵化器+加速器”孵化链条，以创业孵化带动成果转化。加快省级技术转移示范机构、技术经纪（经理）人队伍建设。探索市场化科技公共服务模式，鼓励建设概念验证中心、科技成果转化中试基地、公共技术服务平台和金融科技产业融合发展综合服务平台。

3. 加快发展科技金融

全面推行科技型企业知识价值信用贷款风险补偿，鼓励符合条件的金融机构在自

创区、自贸区、国家高新区设立科技支行，积极引导和集聚社会资本投资科技成果转化。发起设立湖南省科技成果转化引导母基金，引导建立涵盖天使基金、孵化基金等覆盖企业各成长阶段的基金体系，积极与市州、行业、高校等合作设立子基金，为科技成果转移转化提供金融支持。

（五）强化高质量人才供给，打造一流创新人才的重要汇集地

1. 实施“三尖”人才工程

根据人才成长链条布局科技创新人才计划，加强顶尖、拔尖、荷尖等“三尖”人才队伍建设，构建全链条、全谱系的人才资助支持体系。培养引进战略科学家这一关键少数。大力培养引进战略科学家，实行“一人一策”靶向精准支持，政策上给予更多突破。集聚科技领军人才这一攻坚主体，遴选一批学术技术带头人，在人才经费、团队梯队培养、项目承担、实验室等创新平台建设方面给予“菜单式”支持，赋予更大科研自主权。发掘和培育湖南各领域“小荷才露尖尖角”的优秀青年科技创新人才，给予稳定的科研经费支持，为湖南培养造就新一代学术、技术和产业领军人才储备力量。

2. 完善科技人才政策

加大用人单位自主权，鼓励自主聘用高层次科技创新人才，对高层次人才实行协议工资、年薪、绩效工资倾斜所需经费单列，不作为本单位绩效工资调控基数。扩大科研经费“包干制+负面清单制”试点，在充分信任的基础上赋予科学家更大技术路线决定权、更大经费支配权、更大资源调度权，积极为人才松绑减负。实行“揭榜挂帅”“赛马争先”等评选制度，做到创新不问出身、英雄不论出处，让有真才实学的科技人员可以一展拳脚。做好人才分类评价，开展科技人才评价改革工作试点，切实精简人才“帽子”，加快建立以创新价值、能力、贡献为导向的人才评价体系。

3. 打造人才生态最优区

注重人才与项目、平台、资金一体化配置，着重从项目支持、平台建设、奖励推荐、创业服务、产学研对接、表彰宣传等方面加大支持服务力度，为科技人才创造良好的科研生态环境。持续完善人才管理制度，探索建立与国际人才管理体系接轨的人才管理改革试验区，优化高层次人才编制管理和薪酬管理方式。加强政策协同，强化部门、地区协调配合，推进省市人才优惠政策联动，在子女就读、医疗保障、住房购买等方面创新政策和服务机制，统一执行尺度和力度，持续优化创新创业环境。强化服务保障，完善科技人才常态化联系服务机制，定期听取意见、了解需求，在项目遴选、平

台建设、成果转化对接等方面为科技人才做好创新创业服务工作。

(六)深化科技体制机制改革，营造一流创新生态

1. 加强改革攻坚组织领导

充分发挥创新型湖南建设领导小组作用，统筹实施重大任务、重大项目、重大政策、重大改革，探索构建省市协同、部门联动推进创新改革、制定创新政策、建设创新平台、实施创新项目、引育创新人才的工作体系，在科技创新战略谋划、政策制定、项目部署、工作推进上形成全省“一盘棋”。省直部门加强联系沟通和协同配合，政策同向发力，资源优化配置，形成改革工作合力。各市州党委、政府贯彻落实省委、省政府关于科技创新的重大决策部署，坚持“一把手”抓“第一生产力”，结合地方资源禀赋、产业特色、创新优势等，找准改革攻坚着力点，增强高质量发展新动能。

2. 推进科技政策扎实落地

贯彻落实《中华人民共和国科学技术进步法(2021 年修订)》《科技体制改革三年攻坚方案(2021—2023 年)》等法律法规和政策举措，提高依法行政水平激发科技创新主体活力。系统推进科研经费管理、科技计划管理、科技成果评价、“三评”改革等一批重大改革举措，推动科技治理体系和治理能力现代化。进一步完善省级财政科研经费管理，让科研资金管理更加贴近科研人员，更加符合科技创新规律，进一步提升科研人员的获得感。落细落实高新技术企业减按 15%的税率征收企业所得税、科技型中小企业研发费用加计扣除比例从 75%提高到 100%、技术转让所得企业所得税减免等优惠政策，延长科技企业孵化器、大学科技园、众创空间税收优惠政策执行期，精准发力为小微企业减负，激发企业科技创新热情。

3. 保障科技投入稳定增长

加大财政科技投入，建立省、市、县三级联动财政科技投入稳定增长机制。探索统一集中、统一决策、统一分配、统一管理、统一考核的财政科技项目资金管理新模式，有效破解部门分割、投向分散重复等问题。实施“十四五”加大全社会研发经费投入行动计划，完善研发财政奖补政策，引导各类创新主体加大研发投入，确保研发经费投入逐年只增不减。完善无偿资助、贷款贴息、股权投资、风险补偿、后补助等支持方式，加强种子基金、天使基金、创业投资基金、上市、信贷融资等全链条金融服务，完善多元化、社会化的创新投入体系。

第二部分

产业篇

发挥科技创新支撑引领作用，扎实推进碳达峰碳中和行动[①]

甘 甜 蒋 威 张春霞 黄晓林 周 晓 李 斌 章国亮[②]

深入贯彻落实党中央关于碳达峰碳中和的重大战略决策，落实省委、省政府部署要求，服务我省经济社会发展全面绿色低碳转型，是我省科技创新工作面临的一项重大任务。课题组立足我省科技支撑碳达峰碳中和的关键环节，分析绿色低碳系统布局、技术供给、服务机制、绿色理念等方面存在的问题，从顶层谋划、支撑引领、公共服务、理念传播等方面提出建议，以期为我省科技支撑碳达峰碳中和提供决策参考。

一、聚焦"双碳"关键环节，创亮点有作为

科技创新作为实现碳达峰碳中和(以下简称"双碳")目标的必然途径，势必会引领绿色低碳基础理论和技术链条等环节的重大突破，促进创新力量、产业形态等环节的调整重塑，推动要素流动、开放合作等环节的加速演进。近年来，我省科技系统坚决扛起"双碳"政治责任，抓住关键环节，不断形成新亮点取得新成效。

① 本报告为2022年湖南省科技创新计划决策咨询项目"湖南省科技支撑碳达峰碳中和研究及方案编制"阶段性成果。

② 甘甜，湖南省科学技术信息研究所副研究员，主要研究方向为科技战略与政策；蒋威，湖南省科学技术信息研究所副所长、副研究员，主要研究方向为科技战略与政策；张春霞，湖南省科学技术信息研究所助理研究员，主要研究方向为科技战略与政策；黄晓林，湖南省科学技术信息研究所助理研究员，主要研究方向为产业竞争情报；周晓，湖南省科学技术信息研究所实习研究员，主要研究方向为科技战略与政策；李斌，湖南省科学技术信息研究所助理研究员，主要研究方向为科技战略与政策；章国亮，湖南省科学技术信息研究所助理研究员，主要研究方向为产业竞争情报。

（一）基础研究有进展，关键技术有突破，重点领域绿色低碳创新成果持续涌现

8个“双一流”学科和国家A类学科引领协同相关支撑学科，新能源材料，光/电催化材料，绿色开采与智能采矿，高速列车空气动力学，碳捕获、利用与封存（以下简称CCUS）等基础理论研究取得积极进展。一批“双碳”国家及省自然科学基金项目相继布局，多能转换关键装备和系统、有机太阳能电池材料、有机分子电催化转化、胺类吸收剂捕集二氧化碳机理等研究取得阶段性成果。低碳零碳电力能源方面，攻克大型直驱风电机组超低风速下启动发电的世界难题，“风光水核”等清洁能源技术支撑能源结构不断优化；实施“大规模储能系统支撑电网安全高效运行关键技术研究及工程示范”科技重大专项，规模化储能、先进储能材料及部件取得重大突破。重点领域节能降碳减排方面，突破高效节能环保烧结、锌清洁冶炼与高效利用、工业烟气多污染协同治理等多项关键技术；先进轨道交通、新能源汽车、装配式建筑、资源回收与高效循环利用等优势产业掌握多项国际先进技术。固碳增汇/负排放方面，人工林生态系统碳增汇技术、超重力碳化捕获并吸收二氧化碳工艺、高效二氧化碳分离工艺等得到国际广泛认可。“十三五”以来，围绕能源、工业、建筑、农业农村、交通和资源环境等领域绿色低碳关键核心技术攻关，获国家科技奖励近40项，占全省国家科技奖励总数的近三分之一。

（二）创新主体规模大，创新平台牵引强，产业绿色低碳转型持续加快

截至2021年底，聚焦“双碳”相关高新技术领域，我省高新技术企业达3629家，约占全省高新技术企业数量的42%。44个高新区中，半数以上园区的“两主一特”产业布局向绿色低碳转型关联，新材料、储能、智能网联、节能环保、循环经济等产业不断壮大。15个国家级重点实验室、9个国家级工程技术中心、上百个省级创新平台构成的“双碳”技术平台底座，有效集聚省级以上高层次科技创新人才179人（国家级24人、省级155人），促进各类科研院所、重点院校、企业研发中心绿色协同创新、低碳高效发展。如湘潭电机“海上风力发电技术与检测国家重点实验室”与华中科技大学国家脉冲强磁场科学中心联合攻关，研制出国内首台（套）大型永磁电机整体充磁成套设备，打通了整体充磁技术在工程产品上的应用通道；中电48所“国家光伏装备工程技术研究中心”与红太阳光电科技有限公司联合建设产业化基地，打破全自动高产能四管PECVD设备国外技术封锁，市场占有率超60%，位列行业第一；远大可建“高效装配式钢结构建筑湖南省工程研究中心”自主研发近零能耗建筑“活楼”，已建成十条生产线，产值近百亿元。

(三)要素流动再加速，开放合作再拓展，绿色“一带一路”建设参与度持续提升

“十三五”以来，我省持续加大力度支持省内高校、科研机构及企业与全球创新型国家和地区联合开展节能减排、固碳增汇等技术攻关、成果转化与合作示范。连续五年举办“亚太绿色低碳发展高峰论坛”，引进和推广一批先进低碳技术。亚欧水资源研究和利用中心联合郴州国家可持续发展议程创新示范区共建郴州分中心，为生态系统综合治理引进科技“外援”。依托 9 个国家级、15 个省级“双碳”相关国际科技合作基地/联合研究中心(实验室)，联合开展国际与区域科技合作重点研发计划项目 41 项。在“一带一路”沿线国家中，埃及、俄罗斯、新加坡等合作热度较高，在先进轨道交通、可再生能源、电催化、环境污染防治、生态修复、绿色高效种养、绿色建材与建筑节能等领域合作成效明显。如中车株机在南非、土耳其、奥地利等国家设立海外联合研发中心，出口欧盟(捷克)首列动车组“天狼星号”；红太阳光电、红太阳新能源公司先后承建中国电科——土耳其 Kalyon 集团 1 GW 光伏全产业链项目、印度光伏产业园、韩国 600 MW 组件生产线等，实现我省光伏整线高端装备走出去的目标。

二、推动“双碳”目标实现，存难点待补位

我省“双碳”科技创新基础良好、优势突出，但是实现“双碳”目标任重而道远，在系统布局、技术供给、服务机制、绿色理念等方面仍然存在一些不足。

(一)对标先进地区推进力度有待提升

截至 2022 年，浙江、山东、宁夏等地先后出台相关实施方案和意见，对科技支撑“双碳”工作进行了系统布局，并注重打造高端智库战略平台支撑科学决策。上海、江苏、安徽等地设立“碳达峰碳中和科技创新专项资金项目”，加强绿色低碳领域基础研究、关键核心技术攻关及重大创新载体建设。成渝地区联动打造绿色低碳科技创新平台，分别建设天府永兴实验室、碳中和技术创新中心、广阳湾绿色低碳科创中心等。我省推进科技创新支撑“双碳”工作力度有待提升。

(二)绿色低碳技术创新供给相对不足

从能源供给端看，2020 年我省发电总装机容量为 4984 万千瓦，其中，风电、光伏、

生物质占比①仅 9.6%，需要快速推进低碳零碳能源技术供给。目前，生物质能、氢能、氨能、新型储能等前沿先导技术及应用基础研究缺乏系统性前瞻布局，可再生能源受技术系统自身稳定性、技术替代成本、生产成本等因素综合影响，利用率普遍偏低，技术经济性需要持续改善。从能源消费端看，2020 年我省非化石能源消费比重②约为 16%，距 2060 年提高到 80%以上的目标还很远。第二产业及发电业能源活动所产生的二氧化碳占相关总排放量③的 80%左右，需要着力突破重点领域节能降碳减排技术，加大先进适用性科技成果转化力度，拓展大数据、人工智能、数字创意、5G 等新兴技术的传统产业绿色低碳应用场景。从固碳端看，我省是典型的农业林业大省，5443.4 万亩耕地面积以及林地、草地、湿地等生态系统具有巨大的碳汇潜力，但农业领域目前尚不足以抵消其自身产生的温室气体排放（包括甲烷、氧化亚氮等非二氧化碳气体），需要加强生态系统碳汇、CCUS/负排放等基础研究与技术攻关。

（三）标准体系及相关激励机制有待完善

零碳/负碳技术正掀起研究热潮，未来属于蓝海市场，市场空间广阔，知识产权保护亟须同步跟进。碳交易市场建设仍处于初期阶段，重点领域碳排放限额、核算评价等标准尚未完全统一，碳定价和碳税机制需要进一步完善，以“统一标准+良性机制”促进碳减排交易和绿色减排技术推广协同推进。“双碳”科技成果的产业化进程仍处于平缓期，相关成果转化激励机制有待进一步完善。

（四）碳达峰碳中和理念有待加强

碳达峰碳中和是一项系统性、长期性工程，需要充分调动部门、行业以及企业科技资源，形成工作合力，统筹推进。当前，“节能是第一能源”理念还没有完全落实到全社会践行低碳生产、生活方式上，公众对碳达峰碳中和理念缺乏深刻认识；企业对实现绿色转型的长远意义认识不充分，过多注重自身碳排放的短期损益；区域绿色低碳技术示范应用的辐射带动能力偏弱，多元主体多维协同的绿色创新浓厚氛围尚未形成。

三、强化“双碳”创新引领，聚合力提效力

“双碳”科技创新具有巨大的发展潜力和广阔的发展前景，必须立足新发展阶段，

① 依据《湖南省能源发展报告 2020》统计数据计算得出。

② 依据《湖南省能源发展报告 2020》统计数据计算得出。

③ 依据中国碳核算数据库（CEADs）2019 年统计数据计算得出。

贯彻新发展理念，聚焦我省绿色低碳高质量发展中的重大问题和重大现实需求，对标国际标准和领先水平，借鉴其他省份成功做法和有益经验，从在顶层谋划、支撑引领、公共服务、理念传播等方面同频共振。

（一）以“一个小组、一个方案、一个路线”为抓手，谋划科技支撑“双碳”的“施工蓝图”

成立“双碳”科技创新工作领导小组，建立宏观协调管理机制，加强科技、发改、环境、能源、工业、交通、建筑、农业等相关部门合作，推动碳中和科技创新、经济结构优化升级、能源系统转型、生态环境保护等综合施策，多级叠加发挥政策合力。加快研究制订《湖南省科技支撑碳达峰碳中和实施方案》，细化具体举措，将重点领域项目、平台、人才、资金一体化配置，加大碳达峰碳中和科技全要素支撑力度。明确绿色低碳技术发展路线，遵循科学规律，结合省情实际，研究技术发展路径、关键节点和科技资源需求。

（二）以“关键核心技术、先进适用成果、重大创新平台”为核心，推进绿色创新与经济发展、产业升级的同向发力

瞄准能源、工业、交通、建筑、农业等重点领域绿色低碳转型具体需求，全图谱绘制核心产业链，梳理制约产业绿色发展的“卡脖子”技术清单，精准攻关一批关键核心技术。发挥重点城市、园区等可持续示范引领作用，大力推广光伏、风电、水电、生物质能、大规模储能、先进储能材料、电能替代、高效能电机系统、装配式建筑、资源回收与高效循环利用、人工林碳增汇、地热能供暖制冷利用等先进适用绿色低碳技术。以国家重点实验室、岳麓山工业创新中心等重大创新平台为牵引，围绕可再生能源、新型储能、先进轨道交通、节能环保等重点优势产业领域，支持高校、科研院所、创新型领军企业、产业链上下游企业等联合组建绿色技术创新中心，构建绿色低碳领域“基础研究—技术研发—工程示范—产业促进”全链条创新网络。

（三）以“绿色标准、绿色交易、绿色金融”为保障，提升绿色低碳创新公共服务的整体效能

推动重点领域碳排放、碳储量等核算标准制定，支持中南大学、湖南大学、中南林业大学、中科院亚热带所、省交通科学研究院等高校及科研院所开展碳核算模型、核算方法、监测指数、监测平台等研究。完善绿色低碳创新产品评价指标与认定标准，在现有资源节约、环境友好“两型产品”的基础上，定期发布绿色低碳技术供给目录。

健全绿色技术市场交易体系，依托潇湘科技要素大市场和湖南国际低碳技术交易中心，探索建立综合性绿色技术交易市场，加强绿色技术交易中介机构能力建设与专业化绿色技术创新经纪人培育，大力推动绿色技术落地应用。强化绿色科技金融服务，借鉴推广郴州绿色技术银行经验做法，扩大绿色金融市场参与主体，跨部门设立绿色科技金融服务中心，构建多元化、多层次、多渠道的绿色科技投融资体系，探索财政扶持、银行支撑、担保支持、创投优先的“四位一体”绿色科技金融运行模式。

（四）以“学术引领、企业激励、全民科普”为驱动，推进绿色低碳发展理念根植于心、见之于行

发挥湘版科技期刊学术思想和知识的载体作用，依托世界一流湘版科技期刊培育建设工程，鼓励有色金属、交通制造、农林、矿冶等优势学科期刊集群加强绿色低碳学术研究导向。强化企业绿色发展责任意识，加快培育绿色低碳高新技术企业、专精特新“小巨人”企业、科技型中小企业等，引导支持领军企业共建新型研发机构，开展低碳技术研发、低碳产品试制等创新活动，研究制订对企业参与国家及省级绿色低碳重大创新工程、关键核心技术攻关、科技创新示范项目等激励政策。加强碳达峰碳中和科技舆情监测，鼓励有条件的高校、科研院所、企事业单位和社会组织积极建设和申报“国家生态环境科普基地”等，拓展科技基础设施绿色发展科普功能，扩大全国低碳日、节能宣传周、科技活动周、创新创业大赛等活动覆盖面，营造绿色低碳科技创新良好氛围。

提升核心零部件自主可控能力，建设世界级工程机械产业集群

石海林　周海球　严安平　章国亮　李　斌①

产业集群是拉动国家或区域经济增长的重要载体。党的十九大报告提出，要培育若干世界级先进制造业集群。世界级产业集群具有显著的规模效应，拥有较为完整的产业链、供应链和服务链，具备引领全球的原始创新能力，具有广泛且纵深的区域协同效应和深度融入全球价值链的开放性。湖南省正全面落实“三高四新”战略定位和使命任务，着力打造国家重要先进制造业高地，全力建设世界级工程机械产业集群。然而，当前湖南工程机械产业在产业配套、主配协同、原始创新等方面仍存在短板，应重点以提升核心零部件自主可控能力为抓手，增强产业原始创新和主配协同能力，有效支撑建设世界级工程机械产业集群。

一、湖南省工程机械产业发展基础

近年来，湖南将产业链建设作为“制造强省”建设的重要抓手，坚持以“链”化思维推进工程机械整体发展，着力为工程机械产业固链、强链、延链、补链，积累了坚实的发展基础。

(一)产业规模大

2020 年，全省工程机械产业集群规模企业营业收入 2563. 8 亿元，约占全国总量的

① 石海林，湖南省科学技术信息研究所助理研究员，主要研究方向为产业竞争情报；周海球，湖南省科学技术信息研究所高级工程师，主要研究方向为产业竞争情报；严安平，湖南省科学技术信息研究所助理研究员，主要研究方向为产业竞争情报；章国亮，湖南省科学技术信息研究所助理研究员，主要研究方向为产业竞争情报；李斌，湖南省科学技术信息研究所助理研究员，主要研究方向为科技战略与政策。

33%，连续 11 年居全国首位。长沙是全球唯一同时拥有 4 个世界工程机械 50 强企业的城市，产值规模仅次于美国伊利诺伊州、日本东京，是世界第三大工程机械产业集聚地。

（二）产品规格齐

省内工程机械行业能生产 12 大类、100 多个小类、500 多个品种的产品，产品种类约占全国工程机械种类的 70%，主要产品包括混凝土机械、挖掘机械、起重机械、凿岩机械、盾构机、矿山机械、桩工机械等，产品覆盖全球 160 多个国家和地区。

（三）产业链相对完整

经过这些年产业链建设，湖南工程机械零部件配套短板问题得到一定程度的改善，三一集团、中联重科等龙头企业都已建立零部件研发、生产、供应体系，万鑫精工、凯恩利液压、启泰传感等一批中小零部件配套企业也在快速发展，提升了减速机、液压件、传感器等核心零部件的配套能力。

（四）产业聚集度高

湖南的工程机械已经形成以长沙为中心、业务辐射全省的发展格局，长沙工程机械总量约占全省的 70%，园区分布以长沙经开区和长沙高新区为主，形成了以长沙、湘潭、常德为整机制造中心，株洲、衡阳、娄底、邵阳、益阳等地为零部件配套的产业集群。

（五）创新资源集聚

目前，湖南在工程机械领域拥有 7 家国家级企业技术中心、4 家国家级工程技术研究中心、1 个国家重点实验室和众多工程机械专业化研究机构、科研院所，为产业的发展提供了强大动力；已获得国家授权专利 2 万多件，共制订、修订国际标准、国家标准 400 多项。

二、湖南省工程机械产业主要问题

我省工程机械产业长期存在“主机强、配套弱”的现实问题，省内零部件配套水平不能满足工程机械主机企业的发展需要，高附加值核心零部件对外依赖度较高，实现产业链、供应链自主可控依然任重道远。

（一）核心零部件供给能力不足

湖南省工程机械产业在基础零部件、关键基础材料、先进基础工艺等方面存在薄弱环节，产品的可靠性、耐久性等与世界先进水平还存在较大差距，如柱塞泵、马达等平均使用寿命仅为国外同类产品的1/2左右。高端液压件、高端发动机、电控系统三大核心零部件技术仍受制于国外，变速箱、主轴承、高端底盘、车桥、减速机等进口占比较高。

（二）龙头配套企业较稀缺

湖南工程机械配套能力落后，本地配套多为基础性、辅助性配套工厂，缺乏生产核心零部件的技术引领型骨干企业和10亿级的龙头配套企业，大多只能为主机企业实行二、三级配套，很少能提供单个或多个完整功能部件配套，难以进入一级配套供应商行列。

（三）配套企业创新能力弱

长沙市配套企业技术基础较薄弱，研发投入不足，原始创新能力较弱，生产智能化、自动化程度较低，高水平工匠型人才缺乏，能够生产高附加值产品的企业较少，主要产品为结构件、机加、表面处理及涂装等。国家级和省级专精特新“小巨人”企业较少，自主研发和管理水平有待提升，产品质量和性能档次不高。

（四）产业创新平台较缺乏

全市工程机械产业公共创新服务平台较少，特别是开展工程机械产业上、中、下游对接和关键共性技术联合攻关的公共创新服务平台较少。面对工程机械绿色化、轻量化、智能化、可靠性、节能减排、减震降噪等共性技术问题时，各企业孤军奋战、自成一派，往往投入巨大但效果不理想。

（五）主配协同生态不完善

主配企业之间的协同机制仍不完善。一方面，配套企业与主机企业创新研发实力悬殊，同时政府部门缺乏相关鼓励协同创新的政策支持，导致主配企业协同创新意愿不强，合作项目少；另一方面，共性零部件产品缺乏统一的标准，导致零部件产品难以共享，产业供应链主配协同性较弱。

三、提升核心零部件配套能力建议

(一)抓关键技术清单梳理，统筹资源集中攻关

加强顶层设计和创新资源统筹，全面摸清核心零部件、关键基础材料等对外依赖情况，选择既有研发基础又有现实需求的产品，制订技术攻关路线图，有计划、分步骤地实施一批重大科技项目。完善技术联合攻关协同创新机制，组织主机企业与高校、科研院所等开展联合攻关，开展基础技术和关键共性技术研究，重点突破高端发动机、高压柱塞泵、多路阀、电控系统、高端底盘、大口径精密轴承、高精传感器、高端控制器及软件、车桥、减速机、四轮一带、高性能刀具等核心零部件关键技术，提高核心零部件自主可控能力，提升价值链总体水平。落实“揭榜挂帅制”，进一步促进产学研用合作，加速科技成果向现实生产力转化。

(二)抓配套企业招引培育，提升本地配套率

企业招商方面，瞄准工程机械产业链关键环节、“卡脖子”环节及缺失环节，重点引进和培育一批具有核心技术、市场前景好的高成长性企业项目，在关键核心零部件、基础材料等领域，加大三类“500强”企业引进力度，对国内外相关知名企业在我省设立具有独立法人资格总部的，给予项目落地资金补助，力争在高端发动机、液压件等核心零部件领域引进百亿级配套企业，如在发动机领域重点引进康明斯、五十铃、久保田、潍柴、上柴等。企业培育方面，鼓励中小企业围绕工程机械核心零部件加强研究，支持其技术引进、集成、消化、吸收和再创新，打造一批专精特新“小巨人”企业和制造业单项冠军企业，加强对专精特新“小巨人”企业的产权保护、技术创新、品牌建设、融资增信、智能化转型、国际市场开拓等支持，打造一批在行业细分领域具有一定国际影响力的隐形冠军和单项冠军产品，如液压件重点支持凯恩利液压、协力液压、福事特液压、大力神液压等本地企业发展。

(三)抓公共创新服务平台建设，提升研发创新能力

发挥三一集团、中联重科等龙头企业影响力，吸引优势配套企业及高校科研机构，整合优势创新资源，创建工程机械国家制造业创新中心，采取“运营公司+产业创新联盟”的发展模式，吸引优势配套企业以及有实力的高校和研发机构参与，共同组建工程机械制造业创新中心运营主体。针对全省工程机械制造资源分散的问题，新建一批创新中心、工业设计中心、海外服务中心以及产品检验检测、二手工程机械在线交易、零

部件集采配送等协同平台。高水平建设工程机械产业预警平台、工程机械产业云平台，强化产业链供应链风险点分析研判，构建产业链供应链安全预警指标体系，定期评估分析重点领域、重点企业、重点产品供应保障情况。

(四)抓专业配套园区建设，促进主配协同发展

积极推动湖南各市州之间开展园区共建、飞地经济、异地孵化等合作模式，探索跨地市的开发管理机制和利益分配机制，实现配套资源优化配置。以我省工程机械现有产业布局为基础，依托长沙经开区(企业总部)及汨罗飞地产业园、宁乡高新区等配套企业聚集区域，以差异化、专业化为特征，重点引进高端、紧缺核心零部件企业，建设工程机械零部件配套产业园；引入各类模具衍生的新产品试制，建设工程机械国际模具产业园。充分发挥主机企业的带动作用，促进产业链上中下游企业共同发展，探索企业共性零部件、原材料及共性技术的资源共享，鼓励企业间加强合作，实现统一配套、统一采购、统一配送，切实推动主配企业协作和零部件、原材料管理水平以及产品质量的全面提升，形成合理配套半径。

(五)抓再制造和二手交易机制建设，健全后市场服务体系

制定工程机械零部件再制造产品标准，拓展再制造产品销售渠道，建立可复制可推广的再制造产品市场化应用机制，探索以旧换新、融资租赁、以租代购等旧件回收模式，建立稳定的旧件回收逆向物流体系。进一步发挥长沙国家首批再制造产业示范基地等平台的带动作用，积极引进国际国内领先的再制造企业，形成国内一流的专业二手工程机械再制造产业基地。提升二手工程机械交易服务，支持行业龙头企业、再制造企业、第三方检验检测等服务机构联合创建面向所有湖南省工程机械产业企业的二手设备交易中心，制定二手工程机械产品区域淘汰标准及制度，建设工程机械二手设备(线上、线下)交易平台，拓展二手工程机械产品流通渠道，积极推动二手工程机械产品出口试点口岸的建设。

(六)抓高端人才和技术团队引培，探索人才培育新模式

搭建企业、院校协同育人平台，发挥企业、院校办学双主体作用，推动工程机械龙头企业与省内重点高等院校开展联合培养一线技术人才工作，开展校企联合培养、招生即招工、入校即入厂的现代学徒制试点。制订高层次人才支持计划，吸引海内外工程机械行业高端人才，引进一批行业领军人才和创新团队，尤其是工程机械核心零部件等产业链关键环节的人才队伍，将湖南打造为国内工程机械人才创新创业的首选地。完善创新人才激励机制和评价机制，建立合理的人才流出约束机制，维护人才队伍稳定。加大后市场人才培育力度，培养配套件专业化管理及维修服务人员队伍。

做“尖”做“大”做“特”，发展先进复合材料产业

周海球　姚　婷　严安平　郭小华①

材料的复合化是材料发展的必然趋势，先进复合材料由于具有多功能性、结构整体性、可设计性等特点，已逐渐成为国防与国民经济建设不可或缺的战略性关键材料，发展前景广阔。当前，我省全面落实“三高四新”战略定位和使命任务，着力打造国家重要先进制造业高地，全力建设工程机械、先进轨道交通装备、航空航天等三大世界级产业集群，为我省先进复合材料产业的发展提供了难得的历史机遇。

一、湖南省先进复合材料产业发展基础和优势

（一）产业基础较好，形成了具有国内领先水平的“3+4”特色优势技术产品

近年来，我省先进复合材料产业发展迅速，经历了从无到有、从基础研究到应用研究再到产业化的不断迭代发展过程。截至2019年末，湖南省先进复合材料产业已初具规模，有百亿企业1家（时代新材）、上市企业3家（博云新材、时代新材、金博碳素）、省级专精特新“小巨人”企业16家、高新技术企业32家，高新技术企业实现主营业务收入155亿元，占新材料领域全部高新技术企业主营业务收入的4.3%。当前，我省已基本形成具有国内领先水平的3大纤维和4大复材的“3+4”特色优势技术产品。

3大高性能纤维独具特色，处于国际先进水平。中间相沥青基碳纤维：东映碳材成功实现了高导热中间相沥青基碳纤维量产，产品处于国际领先水平，打破了日美技术

① 周海球，湖南省科学技术信息研究所高级工程师，主要研究方向为产业竞争情报；姚婷，湖南省科学技术信息研究所助理研究员，主要研究方向为产业竞争情报；严安平，湖南省科学技术信息研究所助理研究员，主要研究方向为产业竞争情报；郭小华，湖南省科学技术信息研究所副研究员，主要研究方向为科技战略与政策。

封锁，目前已小批量供货军方使用。碳化硅纤维：国防科技大学成功研发出国内第一代、第二代碳化硅纤维制备技术，并通过成果转移转化实现了产业化；中南大学研发出我国首创的掺杂(含铍)碳化硅纤维制备技术，并达到了目前国内最高的使用温度(空气气氛下耐1250℃)，可满足我国航空发动机部件制造对碳化硅纤维大于1200℃要求；博翔新材和泽睿新材通过中南大学的科技成果转化已实现具有自主知识产权的年产10吨级产能的碳化硅纤维生产线。高强高模聚乙烯纤维：湖南中泰率先产业化生产高强高模聚乙烯(HSHM-PE)纤维、防弹衣、防弹防刺服、防弹板、防弹头盔等系列产品，并完全具有自主知识产权，获国家科技进步二等奖。

4大复合材料处于国内领跑水平。碳纤维复合材料：博云新材开发的C/C复合材料航空刹车副，填补了国内技术空白；金博碳素掌握了先进碳基复合材料低成本制备核心技术并实现了批量产业化，在光伏热场系统的坩埚、导流筒、保温筒等产品中得到应用，技术水平处于国内领先；时代新材碳纤维树脂基复合材料风电叶片在国内市场处于领先地位。芳纶纤维复合材料：时代新材掌握了从芳纶纸到蜂窝夹层复合材料制备及应用的自主核心技术，并实现了产业化，彻底打破国外原材料垄断和产品技术封锁。碳陶复合材料：世鑫新材通过自主研发，成功研发出碳陶复合材料制动盘关键技术，产品性能远超德国、日本产品，打破了德、日等对时速400公里高速列车制动盘的垄断。铝基复合材料：文昌科技攻克了碳化硅颗粒增强铝基复合材料大型构件制备成型中的重大关键技术难题，开发的地铁制动系统用铝基复合材料制动盘填补了国产轨道交通轻量化关键部件制造领域空白。

(二)创新资源丰富，三所“双一流”高校在复合材料领域均具有较强的技术研发实力

目前，我省在先进复合材料领域拥有省级以上创新平台12个，其中国家级4个、省级8个，有两院院士1人。在创新平台方面，有国家炭/炭复合材料工程技术研究中心、粉末冶金国家重点实验室、轻质高强结构材料国防科技重点实验室、新型陶瓷纤维及其复合材料国防科技重点实验室等4个国家级创新平台，以及湖南省复合材料工程技术研究中心、湖南省炭纤维复合材料工程技术研究中心、先进炭材料及应用技术湖南省重点实验室等8个省级创新平台，创新资源在全国首屈一指。中南大学、国防科技大学、湖南大学等三所“双一流”高校在复合材料领域的创新能力处于国内领先水平。

中南大学在C/C复合材料、碳化硅纤维、碳陶复合材料等方面均有较强的技术研发实力。C/C复合材料方面，由黄伯云院士团队研发的高性能炭/炭航空制动材料的制备技术获得国家科技进步一等奖；碳化硅纤维方面，黄小忠教授团队突破了磁性吸波

碳纤维制备技术，成功实现了产业化，利用该纤维制备的结构吸波复合材料已批量应用于多个国防重点型号产品。

湖南大学在沥青基碳纤维及铝基复合材料方面有较强的研发实力。沥青基碳纤维方面，湖南大学刘金水教授团队全线打通了从高品质中间相沥青制备到高性能中间相沥青基碳纤维生产的工艺路线，实现了高性能沥青基碳纤维的自主化生产，现已建成20吨/年高导热沥青基碳纤维生产线，可批量制备高导热碳纤维和高品质沥青，具备从技术工艺到装备设计的全部知识产权，打破了美日两国对我国的技术封锁，目前已小批量供货军方使用。铝基复合材料方面，湖南大学研发团队联合文昌科技成功攻克了碳化硅颗粒增强铝基复合材料大型构件制备技术，实现了地铁制动系统用铝基复合材料制动盘量产。

国防科技大学在碳化硅纤维和复合材料制造方面的科研技术水平国内领先。碳化硅纤维方面，国防科技大学是我国首个开展碳化硅纤维研究的科研机构，也是国内碳化硅纤维工程化技术实力最强的科研机构。国内第一代、第二代碳化硅纤维的产业化技术全部来自国防科技大学科技成果转移、转化，目前第三代碳化硅纤维已开始小批量制备，即将开展系统工程化关键技术攻关。复合材料方面，该校2008年开始将大尺寸复杂形状复合材料部件低成本制备技术成果推向实际应用，联合中车株洲时代新材，成功地将复合材料风电叶片实现产业化。另外，该校近年来研制的碳纤维增强碳化硅基复合材料热结构部件、高效隔热部件、轻质结构/多窗口高透波一体化大曲率部件等有力支撑了国防军工装备发展。

（三）战略需求强劲，轨道交通、航空航天、工程机械、风电装备等产业亟须先进复合材料提供支撑

“一代材料，一代装备”。当前我省正在全力打造航空航天、工程机械先进轨道交通装备、工程机械三大世界级产业集群，亟须高性能的先进复合材料提供支撑。

在轨道交通领域，以轻量化为核心的综合解决方案是解决轨道交通装备安全与效能的最好方案，也是轨道交通装备主要发展趋势。高强度合金材料和复合材料是实现轻量化的两条主要路径。因合金材料发展的潜力已发挥到了极限，轻量化水平难以再有大的突破，亟须找到一种综合型的优良材料以突破金属材料的局限，而轻量化复合材料就是一个最好的选择。中国中车发布的新一代碳纤维复合材料地铁概念车“CETROVO”，验证了碳纤维复合材料在轨道交通承载结构的应用思路可行，未来轨道交通车辆对碳纤维复合材料将有大规模的战略需求。

在航天航空领域，湖南是国家航空航天工业较早布局的重点省份之一，拥有一批航空航天整机和关键部件生产制造企业，如山河科技的小型通航飞机、天仪研究院的

微小卫星、中航南方的中小航空发动机、博云新材的飞机刹车副等。由于先进复合材料具有轻质、高强度、耐高温等优良特性，目前已在湖南的航空航天装备领域开始规模应用，如山河科技的 SA160 五座飞机采用的是全碳纤维复合材料结构、博云新材的飞机刹车副采用的是 C/C 复合材料。未来随着湖南航空航天产业进一步发展，先进复合材料的战略需求将更强烈。

在工程机械领域，为了进一步提升工程机械的整机性能以及降低能耗，目前三一重工、中联重科等企业都在研发碳纤维复合材料结构部件以替代金属材料，实现整机性能提升和轻量化，如中联重科 K62H 泵车 80 米的臂架使用了碳纤维复合材料。未来随着碳纤维性价比进一步提高，以及工程机械轻量化的迫切需求，碳纤维复合材料将成为工程机械领域不可或缺的新材料之一，而长沙市作为工程机械之都，拥有三一重工、中联重科、山河智能、铁建重工等一批工程机械整机企业，未来对碳纤维复合材料的需求量会更加旺盛。

在风电装备领域，近年来随着海上发电带来的叶片大型化和功能化，碳纤维风电叶片的优势越发明显，目前风电叶片也成为碳纤维复合材料的主要应用领域。我省拥有时代新材、三一重能等两家国内行业龙头风电叶片生产企业。其中，时代新材目前已开始大规模生产碳纤维复合材料风电叶片，2019 年风电叶片的产值已达 70 亿元，2021 年公司对碳纤维的需求量为 1000 吨以上，未来需求量可能更大。风电装备已成为湖南省对先进复合材料需求量最大的应用领域。

二、湖南省先进复合材料产业存在的主要问题

近年来，我省先进复合材料产业发展势头较好，但也存在一些问题：一是高性能纤维及其复合材料产业规模较小，市场化商业价值不高；二是树脂基复合材料产业链不完整，上游纤维、树脂等原材料缺乏；三是国防科技成果转化效果不理想，创新资源优势未得到充分发挥。

（一）高性能纤维及其复合材料产业规模较小，市场化商业价值不高

目前，湖南省发展的主要是高性能纤维及其复合材料产品如沥青基碳纤维、碳化硅纤维、高强高模聚乙烯纤维、C/C 复合材料等，其主要应用领域以军工和航空航天装备为主，但目前我国航空整机产业相对较薄弱，军工装备需求量有限，造成所需总量小，无法带动上游复合材料规模化发展。以博云新材为例，2019 年 C/C 复合材料业务营业收入才 1.26 亿元，不足我省新材料产业年产值千分之一。另外，我省先进复合材料企业针对民用工业的产品开发不足，造成下游民用工业装备也对先进复合材料需

求较少。

(二)树脂基复合材料产业链不完整，上游纤维、树脂等原材料缺乏

树脂基复合材料是目前市场应用最多最广泛的一种先进复合材料，也是最具有商业应用价值的复合材料，其产业链主要包括上游基体材料、增强体材料(高性能纤维)、助剂等，中游的复合材料部件，下游的装备制造行业应用。以我省产业规模最大的树脂基复合材料风电叶片为例，在上游环节，我省除岳化公司具备环氧树脂、尼龙树脂等复合材料基体材料的规模化生产以外，其他所有品种的树脂以及助剂都不具备生产能力，同时所需的增强体材料如碳纤维、玻璃纤维等也不具有规模化生产能力。目前，虽然我省风电叶片装备产业规模较大，但几乎所有的基础纤维材料以及大部分树脂基体材料等原材料主要依托省外供应甚至国外进口，省内产业链相关配套企业较少，无法形成全产业链集约化发展。

(三)科技成果转化效果不理想，创新资源优势发挥不充分

我省是我国碳化硅纤维唯一发源地，国防科技大学在我国最早开始碳化硅纤维工程化研发，是国内碳化硅纤维研发实力最强的科研单位，国内主要几家碳化硅纤维制造企业主要得益于我省的相关知识产权转化而来，而成果转化的产业基地均不在我省，如首条第一代连续碳化硅纤维生产线在苏州赛力菲公司。虽然我省在碳化硅纤维方面具有较强的创新研发实力，但是相关创新成果未能在本地实现转化，没有抢占到碳化硅纤维产业化先发优势。

三、加快湖南省先进复合材料产业发展建议

(一)做“尖”：加强面向航空航天领域高性能纤维及复合材料基础研究和应用研究，组建岳麓山复合材料工业创新中心，形成国家战略科技力量储备

一是实施复合材料领域重大科技攻关行动。针对我省具有比较优势和重点发展的高性能纤维及复合材料，如C/C复合材料、沥青基碳纤维、碳化硅纤维等，瞄准行业领域重大前沿科技问题，以国家战略需求为导向，选择性实施重大科技攻关行动，稳定支持高性能纤维及复合材料基础研究和应用基础研究，力争取得一批具有国际影响力的原始尖端科技创新成果，突破一批“卡脖子”关键核心技术。

二是组建岳麓山复合材料工业创新中心。统筹整合中南大学、湖南大学、国防科技大学等高校先进复合材料领域优势力量，组建岳麓山复合材料工业创新中心，瞄准

高性能纤维及复合材料领域关键共性技术，完善共性基础技术供给体系，夯实产业创新发展基础，为解决“卡脖子”问题提供源头支撑。力争在C/C复合材料、沥青基碳纤维、碳化硅纤维等复合材料细分领域的技术创新能力保持国内领先、国际一流水平，形成国家战略科技力量储备。

(二)做“大”：抓住轨道交通、风电叶片应用需求机遇，聚焦发展碳纤维复合材料，开发低成本制备技术，完善产业链，做大产业规模

一是重点支持轨道交通装备用碳纤维复合材料。重点支持时代新材大力发展轨道交通装备用碳纤维复合材料，充分发挥其作为中国中车的新材料产业平台优势，针对列车车体对碳纤维复合材料的应用需求，开发相应的复合材料产品，形成紧密的产业链配套。

二是引进、培育碳纤维和树脂基体材料企业。以湖南省风电叶片和轨道交通用碳纤维复合材料需求为牵引，大力引进、培育上游的碳纤维和树脂基体企业，进一步完善湖南省先进复合材料产业链。

三是大力开发低成本复合材料工艺技术。坚持问题和需求导向，聚焦风电叶片和轨道交通装备用复合材料构件，加强复合材料结构设计、加工及成型技术方面的研发支持力度，引导广大科研人员开发低成本复合材料工艺技术，为碳纤维复合材料的大规模应用提供技术支撑。

(三)做“特”：创建碳化硅纤维国家级创新平台，加快科技成果转化，培育行业龙头企业，打造碳化硅纤维特色产业

一是创建碳化硅纤维国家级创新平台，强化产业技术支撑。依托中南大学和国防科技大学等省内最有优势的创新单元，整合新型陶瓷纤维及其复合材料国防科技重点实验室、高性能碳化硅纤维及其复合材料湖南省工程实验室、湖南省含铍碳化硅纤维工程技术研究中心、新型特种纤维及其复合材料湖南省重点实验室等省内创新资源，以岳麓山国家大学科技城为基地，强化人才和资金支持力度，创建国家碳化硅纤维技术创新中心或国家重点实验室。

二是推进创新科技成果在省内转化，促进产业做强做大。国防科技大学第三代碳化硅纤维已进入工程化试验阶段，产品技术处于国内领先水平，建议湖南省抓住产业变革换代的机遇，深化军民融合，加强与国防科技大学及科研团队对接合作，力争实现第三代碳化硅纤维在省内的成果转化。通过推进科技成果转化，促进产业做大做强，将湖南省创新优势转化为产业发展优势。

三是培育碳化硅纤维行业龙头企业，引领产业规模化发展。龙头企业对区域产业发展具有强大的拉动作用，根据企业创新能力和企业生产规模，进一步明确碳化硅纤维产业龙头企业培育对象，通过支持企业承担各类政府资助科技重大项目、支持企业引进高层次人才以及实施“一对一”帮扶等政策措施，提升企业技术创新能力和产业化水平，促进企业高质量发展，打造行业龙头企业，引领产业规模化发展。

瞄准“窗口期”，擘画湖南省智能农机产业创新发展新蓝图

邬亭玉 周海球 姚 婷 石海林 刘 素 张小菁①

智能农机是现代农业发展的重要支撑。随着农业产业结构不断升级以及新一代信息化技术的发展，智能农机已迈向加速发展的“窗口期”。省科技信息研究所成立调研组，通过文献调研，实地走访省内智能农机相关骨干企业与科研院所，分析我省智能农机产业发展的优势和短板，为我省智能农机产业创新发展提出对策建议，以供参考。

一、国内外智能农机产业发展现状

(一)发达国家智能农机产业占据国际市场主导地位

智能农机具有智能安全、高效节本、多能通用等诸多优势，已成为备受社会关注的热词。目前，美、日等发达国家农机机械化与智能化水平较高，占据国际市场主导地位。一是全球智能农机市场品牌集中度高。据德国机械设备制造业联合会(VDMA)预测，到2022年全球农业机械市场总额将达到1300亿美元，其中美国、意大利、德国和日本等发达国家跨国农机企业主导全球产业竞争格局，全球80%市场份额被约翰迪尔、凯斯纽荷兰、爱科、克拉斯、久保田、井关等6大品牌占据，市场品牌高度集中。二是全球智能农机仍在向大型高效化方向发展。德国耐克萨特智能作业平台实现收割、播种、植保模块化设计，最大作业幅宽达24米，由两台550马力(405千瓦)的柴

① 邬亭玉，湖南省科学技术信息研究所助理研究员，主要研究方向为产业竞争情报；周海球，湖南省科学技术信息研究所高级工程师，主要研究方向为产业竞争情报；姚婷，湖南省科学技术信息研究所助理研究员，主要研究方向为产业竞争情报；石海林，湖南省科学技术信息研究所助理研究员，主要研究方向为产业竞争情报；刘素，湖南省科学技术信息研究所助理研究员，主要研究方向为科技战略与政策；张小菁，湖南省科学技术信息研究所所长、研究员，主要研究方向为科技战略与政策。

油发动机提供动力。大功率动力输出、高作业效率的大型智能农机，符合发达国家大规模农场的生产作业需求。三是高端智能农机呈集成化、精准化发展新趋势。约翰迪尔、爱科、久保田、凯斯纽荷兰等不断推进智能农机与自动化技术、人工智能、5S技术①融合，开发精准农业系统，实现了田间耕作、播种、施肥、喷洒农药和收获等作业的准确定位及智能化控制。全球高端农机功能集成化、操控精准化、系统数字化发展趋势愈发明显。

（二）我国农机产业正步入智能化时代

近年来，我国农业机械化水平有了很大的提高，但与西方发达国家相比，仍然存在很大差距。为此，2022年中央一号文件明确提出："全面梳理短板弱项，加强农机装备工程化协同攻关，加快大马力机械、丘陵山区和设施园艺小型机械、高端智能机械研发制造并纳入国家重点研发计划予以长期稳定支持。"随着我国农业发展进入由传统农业向智慧农业转变的新阶段，智能农机已迈向加速发展的"窗口期"。一是智能农机创新研发空间广阔。"十三五"期间，我国农业机械化水平由63%提升至71%，其中北方平原地区机械化均值在86%以上，典型丘陵山区农作物耕种收综合机械化率为50%左右，以我省为代表的南方地区农业机械化发展空间广阔、潜力巨大。二是智能农机扶持力度不断增强。近年来，中国农机政策紧紧围绕提高自主研发能力、优化农机装备结构、支持绿色生态导向等方面加强部署，从2018年起，所有省份均将北斗农机纳入补贴范围，使北斗应用逐步普及。三是智能农机、无人机、工程机械等多产业跨界融合发展来势喜人。极飞科技、大疆农业融合无人机与智能农机产业实现弯道超车，在精准施药与撒播、数字化变量作业等方面已处于国际领先水平；以中联农机、潍柴雷沃、沃得农机、丰疆智能等为代表的企业布局地面智能作业农机，并取得多项突破性进展。

二、湖南省智能农机产业发展优势与短板

（一）智能农机产业发展优势初显

"十三五"以来，我省智能农机产业规模、发展质量、生产效率持续提升。截至2020年末，全省农机产业主营业务收入212亿元，规模以上生产企业150家，农机总

① 5S技术包括遥感技术（RS）、地理信息系统（GIS）、全球定位系统（GPS）、数字摄影测量系统（DPS）、专家系统（ES）。

动力达到6586万千瓦，主要农作物机械化水平达到52%。①

1. 创新研发“有支撑”

我省智能农机领域拥有国家企业技术中心1家、工业设计中心3家、省级企业技术中心10余家，逐步建立了以骨干企业为主体，市场为导向，重点高校、科研机构为支撑的产学研深度融合协同创新体系；组建了现代农业装备国家地方联合工程研究中心、智能农机装备湖南省重点实验室、湖南省丘陵山区农林机械工程技术研究中心等相关创新平台和载体10余家，同时以平台为载体汇聚了罗锡文院士等一批创新人才，为突破农业机械装备智能化与信息化技术瓶颈注入了强劲动力。

2. 生产制造“有强项”

目前，我省拥有中联重科智能农机、农友机械、劲松机械、郴州粮机、农夫机电、龙舟农机等一批骨干企业，在丘陵山区农机具和大米加工设备等区域特色明显的产品开发方面具有较强的市场竞争力，其中小型组合米机、中小型水稻联合收割机、轻型履带式拖拉机、履带自走式旋耕机、水稻有序抛秧机、烘干机、碾米机等产品市场占有率均居全国前列。

3. 应用市场“有空间”

目前，我省形成了以钢材、铸件等农机原材料、零部件供应为主的上游产业，以动力机械、耕整地机械、植保机械等为主的整机生产中游产业，以双峰湘中农机大市场、九华湖南农机产业园等为主的区域农机交易市场，以中国中部农博会、湘博会、中南农机机电展交会为主的农机展销产业和以5600家农机合作社为主的社会化服务下游产业，并拥有全国首个全程无人操作的机械化双季稻无人农场(望城)项目，下游交易市场活跃，服务网络成熟，应用场景丰富，为智能农机产业发展提供了广阔空间。

4. 产业发展“有特色”

目前，我省初步形成了汉寿、双峰、衡阳、岳阳、益阳、郴州等特色明显的农机装备产业聚集区。其中，娄底为丘陵山区特色农机和小型农机具，郴州为粮食后处理机械和轻型履带式拖拉机，常德为水稻轻简化种植机械，岳阳为水田耕整地、施肥机械。汉寿、双峰等农机产业园内聚集了骨干企业20余家，为全省智能农机产业协同发展提供了坚实基础。

---

① 统计数据来源于《湖南省智能农机产业“十四五”发展规划》。

（二）智能农机产业发展亟须补短板蓄后势

我省智能农机产业虽然具备一定发展优势，但必须清醒看到：我省农机机械化、智能化整体水平不高，尚存在产业链供应链不完善、企业综合实力不强、高端产品短缺等诸多问题亟待解决。

1. 缺乏顶层设计，产业战略布局亟待理顺

当前，我省智能农机企业分布较分散，专业特色园区较少，且区域内相关产品同质化竞争严重，产能过剩，适宜我省丘陵山区农作物生产机械化的产品发展滞后，全产业链发展缺乏顶层设计及战略布局。此外，我省尚未出台对智能农机的专项支持政策，智能农机与普通农机的补贴基本一样，而智能农机的研发成本更高、市场推广难度较大，导致农机企业对智能农机的研发投入热情不高。

2. 产业链供应链不完善，部分核心零部件依赖进口

我省农机产业的原材料、零部件、物流、金融服务、中介机构等配套服务较为薄弱，控制器、传感器、智能机具、变速箱、大马力发动机、液压马达、泵、电液控制系统、收割测产系统等核心零部件依赖进口，智能控制系统、高端农用传感器、动力换挡、无级变速等关键核心技术难关有待攻克，高端精密液压元件产品故障率高，新能源农机技术研发不足，这些将严重影响我省智能农机产业高质量发展。

3. 企业规模大多偏小，研发管理水平亟待提高

我省2020年底有农机生产企业460余家，规模以上企业仅有150家，占比32.6%，大多数企业规模较小，缺乏高水平专业技术人才，部分企业生产的产品仍处在仿制阶段，生产自动化、智能化水平较低，产品更新换代较慢，严重制约了我省农机产业的发展。部分企业经营管理模式落后，产品标准化、产业现代化程度不高，企业竞争力不强。同时，由于缺乏龙头企业的拉动和支撑，暂未形成相互促进、良性循环、快速发展的格局。

4. 产业创新能力薄弱，高端农机产品短缺

当前，我省农机产品主要以中小型耕作机械、中小型收获机械、农用运输机械、小型农产品加工机械等中小功率农业机械为主，80%为中低端农机产品，自主创新能力不足，产品技术含量、工艺水平不高，高性能、智能化农机装备较少。农机产业公共创新服务平台较少，缺乏能够实现产业上、中、下游有效对接和联合开展关键共性技术攻关的创新服务平台。

三、加速湖南省智能农机产业创新发展对策建议

当前，发展智能农机正逢其时。我省作为农业大省、工程机械大省，必须抓住机遇，顺势而为，围绕智能农机全产业链体系建设，抢占智能赛道先机，擘画智能农机产业创新发展新蓝图。

（一）优化顶层设计，谋划政策“指引图”

瞄准产业发展短板和需求，加强智能农机产业顶层设计。以湖南智能农机创新研发中心为主体，双峰、常德农机产业园为基地，打造湘北（岳阳、常德、益阳）、湘中（娄底、湘潭）、湘南（郴州、衡阳）农机装备产业集群，形成洞庭湖区、湘中丘陵区、武陵山-雪峰山-罗霄山区和长株潭设施农业智慧智能农机应用示范片区，谋划“一中心二园区三集群四示范区”的智能农机产业发展格局。同时，充分发挥农机购置补贴和项目奖补的政策引导作用，在研发补助、税收、金融、土地等方面向智能农机产业重大项目建设、示范应用推广、关键技术研发倾斜。

（二）强化原始创新，描绘技术“路线图”

围绕我省特色千亿产业，以南方丘陵山区特色农机和高端智能农机开发为重点，加强重点关键技术攻关，以技术突破带动产业链核心价值整体跃升。开展农机具多传感信息采集、大数据解析、智能决策技术、自动控制技术等关键技术研究和应用。加快水田机械通用底盘、液压机械式无级变速器（HMT）、自动换挡同步器、高性能橡胶履带、电动精密排种器等关键零部件配套能力建设。抢抓新能源农机“弯道超车”机遇，前瞻性布局新能源动力电池、电气化控制系统、混合动力油电耦合等新能源农机技术。

（三）聚焦企业培育，编织主体“矩阵图”

以促进市场主体高质量发展和实施产业发展“万千百”工程为契机，培育一批高质量智能农机产业市场主体。支持智能农机企业积极申报科技型中小企业和高新技术企业，鼓励企业加大研发投入，提升企业自主创新能力。鼓励研发实力较强的智能农机整机、关键零部件及其他配套企业争创各级各类创新平台，与高校院所共建新型研发机构，开展联合研发和协同技术攻关。引导骨干企业开展农业机械使用管理、技术服务、“信息+专业知识”的增值服务，逐步实现由生产型制造向服务型制造转型。

（四）实施机艺融合，打造示范“应用图”

引导科研院所、社会团体和农机生产企业以机艺融合为核心，加强政校企合作共建共享工程创新基地、实践实训基地，打造一批智能农机应用示范场景。在湘北环洞庭湖地区建立水稻、油菜连作数字化无人农场示范区，持续开展农机技术更新与测试工作。在湘南地区以设施蔬菜种植为主导，开展农业物联网在设施农业环境调控、节水灌溉、农业生产视频监控等生产全链条的应用示范。在长株潭周边地区建立以大宗作物精准耕作、智慧养殖、园艺作物智能化生产为主导的数字农业示范基地。

（五）扩大开放合作，开辟湘企“出海图”

以“一带一路”建设为契机，主动融入国内国际双循环格局，推动湘产农机积极走出去参与国际竞争，抢占国际市场。支持省内农机企业积极参与对外援助和国际合作，巩固东南亚、中亚等现有市场，抢占非洲、南美市场，积极开拓欧美市场，联合建立生产基地，健全售后服务网络，创新经营模式。通过中南农机机电产品展示交易会、中非经贸博览会等重大平台积极寻求合作商机，开拓国际视野，推动产销对接和技术交流。

推进“科技+文化”融合，赋能“三高四新”战略定位和使命任务[①]

陶庆先[②]

数字经济时代，科技创新改变了资源配置模式、产品和服务供需关系乃至消费模式，驱动经济社会发展效应进一步凸显，甚至可以说，哪一个行业、领域能够更好地与科技融合，哪一个行业或领域就可能实现跨越式发展。科技创新同样为文化发展提供了强大的技术支撑，数字媒体、数字电竞、动漫及衍生品、网络文学、虚拟现实等新业态不断涌现，文化产业链不断延伸，文化贸易的范畴和模式不断演变，“科技+文化”融合发展“溢出效应”明显，成为当下湖南培育新的经济增长点、赋能“三高四新”的重要动能。

一、成效与问题：湖南“科技+文化”融合发展赋能“三高四新”的现状

2018 年 8 月，湖南省委、省政府出台了《关于加快文化创新体系建设的意见》，强力推动文化强省建设，加快构建文化创新体系。截至 2022 年上半年，全省国家级、省级文化和科技融合示范基地数量分别为 4 家、16 家，“科技+文化”融合发展势头良好。

（一）绘就宏伟蓝图让赋能更有导向

明确的战略任务是“科技+文化”融合发展赋能“三高四新”的导航图，是集聚“科技+文化”动能、提升赋能效度的有效路径。一是明晰了靶向点。《湖南省国民经济和

① 本报告为 2021 年创新型省份建设专项决策咨询研究项目“加快推进‘科技+文化’融合发展赋能‘三高四新’战略研究”阶段性成果。

② 陶庆先，湖南省社会科学院（湖南省人民政府发展研究中心）历史文化研究所副所长、副研究员，主要研究方向为文化产业。

社会发展第十四个五年规划和 2035 年远景目标纲要》《湖南省“十四五”科技创新规划》《湖南省“十四五”文化改革发展规划》等对推进融合发展作出了部署，明确提出重点把握大数据、区块链等带来的历史机遇，推进文化与科技融合、线上与线下融合、传统资源与现代技术融合。二是勾画了路线图。相关规划文件明确提出以网络视听、数字文旅、创意设计、数字出版等为关键发力点，加快发展壮大数字内容产业，构建“内容+装备+传输+应用+交易”的全产业链。

（二）筑牢平台载体让赋能更加可为

围绕“科技+文化”融合需求，持续提升平台载体承载能力，有效发挥其集聚、孵化、示范带动作用，实现赋能发展。一是让产权变现搭建产权交易平台。依托湖南省知识产权交易中心加强产权交易服务平台建设，持续推进湖南省股权交易所、技术产权交易所、国际版权交易中心等平台载体建设。二是瞄准“国字号”推进国家级融合平台载体建设，积极培育、择优推荐申报国家级文化和科技融合示范基地。2012 年 5 月，长沙国家级文化和科技融合示范基地获批；2019 年 4 月，马栏山视频文创产业园国家文化和科技融合示范基地获批；2021 年 11 月，湖南怀化文化（广告）创意产业园国家文化和科技融合示范基地、湖南明和光电设备有限公司国家文化和科技融合示范基地获批。三是适应“湖南味”启动了省级融合示范基地建设，制定出台了《湖南省文化和科技融合示范基地（单体类）认定管理暂行办法》等政策文件。2021 年 11 月，公布了首批 16 家示范基地（单体类）名单。

（三）谋划重点项目让赋能更快落地

始终紧盯项目建设这一抓手，有效开拓“科技+文化”融合赋能新局面。一是把握全局布局重点项目，以 5G、大数据、文化场馆设施等领域为重点，湖南省“数字新基建”100 个标志性项目名单（2021 年）等一大批“科技+文化”相关重大项目开工建设。2020 年，湖南省科技创新重大项目资助 1000 余万元支持了一批优秀文创类项目，2021 年，又重点支持了马栏山智能化融媒体关键技术开发和应用示范、智能化融媒体的关键算法研究、沉浸式内容的虚拟制作研究、视频云化技术研究等项目。二是突出前瞻性布局重点项目，依托湖南省高新技术产业创新引领计划对“基于大数据分析和智能语音的 5G 数字内容智能传播关键技术开发与应用”等相关项目给予支持，鼓励虚拟现实、增强现实、混合现实关键技术及传统文化产品研发，4K 高清修复、人工智能手语播报、数字视频创意、新型软件、版权及配套衍生数字视频等全产业链技术创新。三是围绕有效性布局重点项目，强化科技对传统文化项目的改造，湖南省博物馆、湖南省科学技术馆等传统文化场馆科技元素越来越足，大量非物质文化遗产项目完成了上网展示，会展等产业更是依托“互联网+”实现线上线下一体发展。

(四) 优化运行生态让赋能更具效能

充分释放政策红利，有效降低“科技+文化”赋能成本。一是积极完善综合支持政策，省委、省政府出台了《关于加快文化创新体系建设的意见》(湘发〔2018〕12 号)、《关于做好文化旅游企业金融支持工作的通知》等文件，从行政审批、包容审慎监管、要素投入等方面明确了支持政策。二是积极完善园区基地配套政策，出台了《科技创新支撑马栏山视频文创产业园发展若干措施》，聚焦科技创新支撑马栏山视频文创产业园发展，围绕营造文化科技创新创业生态环境、加强文化关键核心技术研发和应用、支持科技创新人才队伍培养引进、完善科技创新和市场交易平台建设等方面，提出了明确、具体和可操作的措施。三是全面引导社会参与，积极组织省创新创业大赛，立足基地产业发展技术需求，支持建设了一批众创空间，吸引和汇聚科技文创人员入驻基地创新创业。2020 年湖南智创视通企业管理运营有限公司建设的“草莓 V 视众创空间”获批国家备案众创空间。

当然，湖南“科技+文化”融合也还存在诸多问题，表现在融合赋能的目标清晰度与行动有效性、研发实力与产业化水平、平台载体与配套服务等方面还存在不足，“科技+文化”相关产业总量规模仍然不大，赋能力度稍显不足。同时，面临浙江和广东等沿海地区标兵领跑湖南要追赶难、市场竞争激烈湖南传统优势保持难、行业运行生态加速变化湖南高质量发展难等现实难题。

二、趋势与经验：国内外“科技+文化”融合发展动态与启示

政府主导型、政府引导型与官民结合型是国外推进“科技+文化”融合发展的有效模式，“平台+资金”的上海模式、“战略+机制”的深圳模式与“组织+生态”的杭州模式取得了积极成效，对湖南推进“科技+文化”融合发展具有积极的借鉴意义。

(一) 全球促进“科技+文化”融合发展的动态与经验

联合国贸易和发展会议《2021 年世界投资报告(中文版)》指出，在应对疫情的复苏投资中，“实体的、数字的和绿色基础设施”是大多数国家的投资重点；2021 年英国宣布将成立一个由首相直接牵头的“国家科学与技术委员会”以及由英国政府首席科学顾问领导的“科学与技术战略办公室”；拥抱新一轮科技成果，2022 年 2 月美国白宫发布新版《关键和新兴技术(CET)清单》，将高级计算、人工智能等广泛应用于文化领域的前沿技术列入其中。发达国家的种种举措表明，依托数字经济，积极开发智慧型、

科技型、创意型的文化消费产品将是未来重点发展领域，“科创+文创”正在成为主要国家争夺的产业制高点，甚至成为应对疫情的重要抉择，并在长期实践中形成了各具特色的运营模式。以韩国、日本为代表的政府主导型模式，政府通过“机构建设-战略引领-政策支持-生态优化”四位一体方式实现调控管理目标，带动科技与文化的深度融合；以英国、澳大利亚为代表的官民结合型模式，强调政府管控-市场竞争、官方组织-民间团体共同发力，采用经济杠杆与政府资金来促进科技与文化融合，有效地推动了文化创意产业持续繁荣；以美国为代表的政府引导型模式，政府主要是通过完善法律环境、营造良好的社会氛围，来弥补市场机制的不足。

（二）国内促进“科技+文化”融合发展的动态与经验

推进“科技+文化”融合发展，国内呈现出“北上广深杭先行一步，中西部地区加速赶超”的格局。上海、深圳、杭州是国内“先锋队”，这些地区均采用了类似于政府主导型的发展模式，但这三个城市在具体政策手段的运用上又做到了因地制宜，充分考虑本土特色资源。上海“平台+资金”促进科技与文化融合。上海市政府在产业政策和规划的制定上，注重张江国家级文化和科技融合示范基地建设以及多样化金融产品和服务方案的开发，并致力于推进产业的国际化发展。深圳“战略+机制”促进科技与文化融合。深圳市政府一方面制定具有前瞻性的战略发展规划，另一方面充分发挥政策优势，努力消除阻碍文化产业发展的体制机制障碍。杭州“组织+生态”促进科技与文化融合。杭州市比较注重政府各相关部门和各文化创意产业集聚区之间的统筹协调，成立了杭州建设国家级文化和科技融合示范基地领导小组及办公室，积极促成文化与科技的相互融合和转化，形成了一批国家级的优秀集聚区和文化创意产业精品产品。

（三）国内外促进“科技+文化”融合赋能发展的经验启示

综合来看，国内外“科技+文化”融合有效促进底层技术研发，带动文化产业上下游产业链发展，包括可穿戴智能文化设备制造、娱乐用智能无人飞行器制造、其他智能文化消费设备制造等，并促进了进出口贸易，成为经济社会发展新动能。从国内外的经验来看，湖南要把握政策支撑释放的新红利，科技部等六部委出台《关于促进文化和科技深度融合的指导意见》，《中华人民共和国国民经济和社会发展第十四个五年规划和2035年远景目标纲要》明确了要实施文化产业数字化，加快发展新型文化企业、文化业态、文化消费模式，是融合发展的新红利；要把握消费转型塑造的新场景，深入把握消费者的代际普及度、用户黏性和消费多元化水平均有所提高的趋势，用更为优质的内容，依托“云端”——云演出、云直播、云录制、云展览、云综艺、云拉歌强化“科技+文化”的供给；要把握新基建加速布局带来的新动力，随着新基建建设布局加快，5G网络、数据中心等新型基础设施与区块链、XR、云计算、边缘计算、人工智能等技术手段实现并行迭代，成为驱动文化产业发展的技术基础，共同推动文化产业的全链条革新，湖南尤须把握这种历史机遇。

三、路径与方案：推进“科技+文化”融合赋能“三高四新”的四点建议

把握“科技+文化”融合趋势，根据湖南发展需求，积极谋划推动实施“四个一”工程，形成推进融合发展赋能“三高四新”的强大动能。

（一）加快制订一个方案

加快制订出台《湖南省关于促进文化和科技深度融合赋能“三高四新”的实施意见》或者《湖南省推进文化和科技融合发展行动计划（2022—2025）》等类似文件，明确重点围绕广播电视、文化装备、内容创作生产、数字文化等文化事业和文化产业重点领域，推进关键核心技术的科研攻关及成果产业化；明确重点支持国家级及省级文化产业园区、基地发展；明确进一步强化人才、金融等要素支撑，真正提升“科技+文化”融合发展赋能水平。

（二）积极筹划一批项目

推进“科技+文化”相关基础设施项目建设，把握当前推进经济稳定发展所带来的投资机会，持续推进新一代通信技术、“云端”平台以及企业技术创新中心、工程技术研究中心、新型研发机构、重点实验室等平台建设。持续推进“科技+文化”相关产业集聚区项目建设，进一步加大对文化和科技融合示范基地支持力度，持续推进长沙天心文化产业园、昭山文化产业园、马栏山视频文创产业园等园区高质量发展，鼓励支持有条件的市州培育壮大文化产业园区街区，持续提升园区承载力。依托各级各类招商引资力量，积极谋划引进一批“科技+文化”融合重点建设项目，服务好项目建成投产。

（三）培育一批市场主体

有效激发现有主体活力，增强市场主体信心。持续放大省管国有文化企业“航母”领军作用，鼓励支持一批上市文化企业强化创新行为，引领带动一批中小微“科技+文化”相关企业发展。加大“纾困”政策在“科技+文化”领域的支持力度，依托湖南省文

化产业发展专项资金、湖南省文化综合发展专项资金、湖南省创新型省份建设专项资金等，选择重点发展领域、有市场潜力的领域给予支持，帮助企业主体渡过难关。

（四）优化一批配套政策

强化政策梳理，以科技、文旅等职能部门政策文件为重点，系统梳理财政、土地、人才等政策，规范政策执行，为“科技+文化”融合发展提供良好的运行生态。强化政策更新，紧盯国家政策导向，完善国家政策湖南落地执行方案，提升政策的可操作性和执行力度。

第三部分

技术篇

加强重点基础学科建设，提升湖南科技创新核心竞争力

倪家栖 张小菁 李维思 谭力铭①

基础学科建设是国家基础创新能力的重要源头，是国家战略科技力量的重要培育基地。为贯彻落实国家基础研究规划部署，加快建设具有核心竞争力的科技创新高地，进一步提升湖南省基础研究和基础学科建设发展水平，科学谋划湖南基础学科中心建设，本文重点对湖南省数学、物理、化学、生物等四个重点基础学科建设情况进行了调研，并就湖南基础学科未来建设发展提出了相关建议。

一、湖南省四个重点基础学科建设现状

（一）湖南省重点基础学科研究整体水平

目前，学科建设发展水平评价分析，主要基于“双一流”学科建设评估、重点学科建设和ESI等几个维度。

1.“双一流”学科建设评估

根据2022年发布的《第二轮“双一流”建设高校及建设学科名单》，全国共有15所高校入选数学一流学科建设，10所高校入选物理一流学科建设，24所高校入选化学一流学科建设，18所高校入选生物一流学科建设。湖南省中南大学、湘潭大学入选数学一流学科建设高校，湖南大学入选化学一流学科建设高校。

① 倪家栖，湖南省科学技术信息研究所助理研究员，主要研究方向为科技创新监测评价；张小菁，湖南省科学技术信息研究所所长、研究员，主要研究方向为科技战略与政策；李维思，湖南省科学技术信息研究所副所长、副研究员，主要研究方向为产业竞争情报；谭力铭，湖南省科学技术信息研究所助理研究员，主要研究方向为科技创新监测评价。

第四轮数学学科评估中（2017 年公布），湘潭大学、湖南大学、中南大学、湖南师范大学、国防科技大学获得 B+等次，长沙理工大学获得 C 等次；物理学科评估中，国防科技大学获得 B+等次，湖南大学、中南大学、湖南师范大学获得 B 等次，湘潭大学获得 B-等次；化学学科评估中，湖南大学获得 A-等次（湖南省唯一获得 A 等次的基础学科），湖南师范大学获得 B 等次，湘潭大学获得 B-等次，湖南科技大学获得 C 等次；生物学科评估中，中南大学获得 B+等次，湖南农业大学、湖南师范大学获得 B 等次，湖南大学获得 C+等次（见表 1）。

表 1　省内重点高校第四轮学科评估情况汇总表

高校	数学	物理	化学	生物
中南大学	B+	B		B+
国防科技大学	B+	B+		
湖南大学	B+	B	A-	C+
湖南师范大学	B+	B	B	B
湘潭大学	B+	B-	B-	
湖南农业大学				B
长沙理工大学	C			
湖南科技大学			C	

2. 重点学科建设

根据 2006 年第三次国家重点学科评选结果（“双一流”建设启动后不再评选，2006 年为最近一次评选），在四个基础学科方面湖南省共有 6 所（次）高校入选。数学学科，湘潭大学计算数学和中南大学概率论与数理统计 2 个数学二级学科入选；物理学科，湖南师范大学理论物理、国防科技大学原子与分子物理 2 个物理二级学科入选；化学学科，湖南大学分析化学 1 个化学二级学科入选；生物学科，湖南师范大学发育生物学 1 个生物二级学科入选（见表 2）。

表 2　湖南省高校第三次国家重点学科评估入选情况汇总

高校	数学	物理	化学	生物
中南大学	概率论与数理统计			
国防科技大学		原子与分子物理		
湖南大学			分析化学	

续表2

高校	数学	物理	化学	生物
湖南师范大学		理论物理		发育生物学
湘潭大学	计算数学			

3. ESI

ESI 主要从高水平论文角度对国家/地区科研水平、机构学术声誉、科学家学术影响力以及期刊学术水平进行衡量。近年来，中南大学和湖南大学的化学学科共同入选 ESI 前 1‰学科；国防科技大学物理学科进入 ESI 学科世界排名前 8‰；中南大学生物学与生物化学、分子生物学与遗传学、神经科学与行为科学 3 个学科进入 ESI 学科世界排名前 1%。湖南师范大学物理学科 2012 年进入 ESI 学科世界排名前 1%行列；湖南农业大学植物与动物科学、生物与化学学科于 2014 年、2022 年分别进入 ESI 学科排名前 1%。

根据科睿唯安 2022 年 5 月 13 日发布的最新 ESI(内地高校)数据，数学，湖南省 4 所高校上榜；物理学，湖南省 3 所高校上榜；化学，湖南省 8 所高校上榜；生物学与生物化学，湖南省 2 所高校上榜；微生物学、分子生物学与遗传学，各有 1 所高校上榜(见表 3)。

表 3　湖南省高校 ESI 学科排名情况汇总

学科分类	高校	国内排名	国内上榜总数/所	全球排名	全球上榜总数/所
生物学与生物化学	中南大学	12	95	268	1284
	湖南大学	48		615	
微生物学	中南大学	28	28	577	588
分子生物学与遗传学	中南大学	11	52	246	963
化学	湖南大学	20	228	66	1551
	中南大学	30		114	
	湘潭大学	69		443	
	湖南师范大学	106		704	
	湖南科技大学	133		849	
	长沙理工大学	154		1004	
	南华大学	156		1020	
	湖南农业大学	177		1144	

续表3

学科分类	高校	国内排名	国内上榜总数/所	全球排名	全球上榜总数/所
数学	中南大学	7	55	67	316
	长沙理工大学	26		136	
	湖南大学	37		200	
	湘潭大学	41		236	
物理学	湖南大学	26	47	535	805
	国防科技大学	32		606	
	中南大学	33		619	

(二)湖南省重点基础学科研究现状

1. 数学学科

数学学科方面，湖南具有相对优势的高校主要是中南大学、湘潭大学、湖南大学、国防科技大学和湖南师范大学。

中南大学数学学科于2017、2022年两次入选国家“双一流”建设学科。学科研究团队拥有“华罗庚数学终身成就奖”1人，国家级人才3人。在侯氏定理和马尔可夫骨架过程、非交换微分从属鞅理论、西塔潘猜想及相关可计算理论中的问题等方面处于国际领先水平。

湘潭大学数学学科拥有CSIAM首届会士等高层次人才30余人。计算数学教师团队入选“全国高校黄大年式教师团队”。在计算数学、微分方程数值解、生物计算、高效并行算法等领域具有研究优势。

湖南大学数学学科现有国家级人才2人，“钟家庆数学奖”获得者1人，省级人才3人。学科形成了偏微分方程与几何分析、代数与拓扑、复分析与双曲几何、数值计算与最优化、组合数学与图论、微分方程与动力系统等六个稳定的研究团队。

湖南师范大学数学学科起步于1938年，是湖南师范大学前身国立师范学院成立之初所设立的七个系之一，拥有国家级人才5人，国务院政府特殊津贴获得者3人，教育部新世纪优秀人才4人。主要专注于科学计算、分析与几何函数论、代数与数论、方程与动力系统等研究方向，学科有限元超收敛研究被誉为国际有限元超收敛研究三大学派之一；非线性偏微分方程多解计算、伯克霍夫插值研究、复杂非线性系统的稳定与控制研究先后获省自然科学一等奖；分层媒质快速多极算法研究、范畴表示论成果得到国际学界高度认可。

2. 物理学科

物理学科方面，湖南省具有相对优势的高校主要是国防科技大学和湖南师范大学。

湖南师范大学物理学科创建于1938年，毕业生中涌现出了3位中科院院士，学科2012年进入ESI国际学科排名前1%行列。学科研究团队拥有国家级人才13人，全国模范教师1人，教育部跨/新世纪优秀人才9人，省级青年人才15人。学科凝练了量子物理与量子信息、引力与黑洞物理、量子物质与量子结构、软凝聚态物理及其交叉、场论与粒子物理五个研究方向。在物理领域宇称-时间(PT)量子光力学理论和病毒原子结构解析方向处于国际领先水平，在非贵金属氢能量子催化技术、单重味重子共振态、低能量子引力效应、黑洞双重阴和分形结构研究方向处于国际领先水平。

3. 化学学科

化学学科方面，湖南省具有相对优势的高校主要是湖南大学、中南大学和湖南师范大学。

湖南大学化学学科入选“强基计划”和国家基础学科拔尖学生培养计划2.0基地，现有中国科学院院士3人，发展中国家科学院院士1人，国家领军人才13人，国家高层次青年人才50余人。在生物化学传感领域处于国际领先水平，具备冲击世界一流学科实力。

中南大学化学学科建设源于1952年陈新民院士创办的中南矿冶学院基础化学教研室，入选ESI全球科研单位排名前1‰。学科团队拥有国家级高层次人才12人、国家教学名师1人。形成了侧重学科交叉和新兴学科的矿用化学品化学、有机光伏化学、化学能源化学、绿色有机合成化学、环境和水资源化学等特色和优势明显的研究方向与学术团队。

湖南师范大学化学学科源于1938年创建的国立师范学院理化系，学科代表性学术人员有中国科学院院士、国家有突出贡献专家1人，国家级高层次人才3人，国务院政府特殊津贴获得者1人，教育部跨/新世纪优秀人才计划1人，教育部高等学校骨干教师资助计划1人，高级专家特聘教授2人。在卟啉类似物合成与卟啉阵列组装方面，成功合成了50年前诺贝尔化学奖获得者伍德沃德曾预测其存在但一直未能实现实验合成的全氮Smaragdyrin扩环卟啉；设计和合成了新型小分子荧光探针，解决了内源性同型半胱氨酸、半胱氨酸和谷胱甘肽的同时选择性动态监测和成像这一长期未决的化学生物学难题。

4. 生物学科

生物学科方面，湖南省具有相对优势的高校主要是中南大学、湖南师范大学和湖南农业大学，生物学科研究在生物化学、分子生物、生物育种等领域具有丰富的应用前景和深厚的研究积累。

中南大学生物学学科伴随着“百年湘雅”医学教育的发展而成长，遗传学为国家重点学科，生物学与生物化学、分子生物学与遗传学、神经科学与行为科学 3 个 ESI 学科进入世界排名前 1%。生物学科为国家一流本科专业建设点、全国首批强基计划招生专业、国家基础学科拔尖学生培养计划 2.0 基地。学科现有中国工程院院士 1 名、国家级高层次人才 17 名。注重生物与生命健康学科交叉，在致病基因鉴定、神经退行性疾病研究等方面处于国内领先、国际先进水平。

湖南师范大学生物学科始建于 1938 年，具有 80 多年的发展历史，历经刘筠院士等老一辈学者辛勤耕耘，培养了包括 4 位两院院士在内的一大批杰出学者。学科研究团队现有中国工程院院士 1 人，国家级人才 6 人，省部级人才 50 人。发育生物学领域具有领先优势，形成了鱼类遗传育种理论及应用、杂交水稻理论及应用、蜘蛛研究及利用、动植物种质资源保护及利用、微生物研究及利用等特色研究。

湖南农业大学生物学科由我国著名植物生理学家胡笃敬教授于 1951 年创办，“植物与动物科学”和“生物与化学”学科于 2014 年、2022 年分别进入 ESI 全球排名前 1%。学科团队拥有中国工程院院士 1 人(双聘)，国家级人才 2 人。在植物激素的高灵敏测定、植物激素与生长发育调控、植物抗逆基因功能分析等领域逐步形成了明显的特色。

二、湖南省重点基础学科建设存在问题

(一)重点基础学科建设投入不足

2020 年，湖南省基础研究投入占研发投入的比重为 3.84%，低于全国平均水平(6.01%)2.17 个百分点，在全国排名第 24 位，中部排名第 5 位，低于安徽(6.89%)、山西(5.41%)、湖北(4.53%)、江西(3.85%)。基础研究人员为 13127 人，占研究人员总数的 16.35%。根据教育部直属 75 所高校 2022 年的年度预算经费，有 15 所高校经费预算超百亿元。我省中南大学 96 亿元，排名第 17 位；湖南大学 64.17 亿元，排名第 27 位。省属高校 2022 年度经费预算，湖南师范大学 14.87 亿元、湖南农业大学 10.45 亿元、湘潭大学 10.43 亿元。整体来看，湖南省基础研究、基础学科建设方面的投入与发达省份甚至中部省份仍然存在不小差距。

(二)高能级创新平台建设布局不多

基础学科建设发展和基础研究对重大科技创新平台和科技基础设施依赖性较强。目前，国家实验室中央已批准组建9家，湖南省尚未布局；国家重点实验室共533家，湖南省共有19家(依托主体在湘的16家，参与建设3家)，占比3.0%，数量居全国第8位，中部六省第2位。国家重大科技基础设施共57家，目前湖南省尚未布局；对比中部地区，湖北武汉(1个)、安徽合肥(4个)均有建设布局。

(三)基础研究人才聚集效应不强

目前全国湘籍两院院士131人(含出生在湖南)，居全国第4位；但在湘两院院士73人(含外聘院士)，在湘全职院士仅42人。同样的中部省份安徽省，皖籍院士145人，但在皖服务的两院院士达152人。此外，湖南省还存在高层次人才年龄结构不合理，中青年后备人才断代等问题。

(四)重点基础学科科研环境有待改善

在基础学科领域中，自由探索的学术氛围尚未真正形成，科研人员对前瞻性研究缺乏学术冒险精神。基础学科领域中的学术交流较少，交叉学科、交叉领域的交流则更少，使得许多研究成果降低了延续性和交叉发展功能。高校基础学科研究人员，在当前绩效考核、职称评审等管理考核条件下，发展受限。企业在基础学科建设发展和基础研究领域的参与不足，与科研机构、高校基础研究的合作模式和机制也有待进一步完善。

三、湖南省重点基础学科建设发展建议

(一)加强重点基础学科建设顶层设计和统筹协调

一是紧跟国家基础研究规划，制定湖南省基础研究能力提升的具体政策措施。将基础学科建设作为湖南省基础研究能力提升的重要支撑，贯彻落实一流高校、一流学科建设相关举措，强化基础学科教育的求知欲和创新思维培养，推进“强基计划”“基础学科拔尖学生培养计划2.0”。重点支持中南大学和湘潭大学数学学科、湖南大学化学学科建设世界一流学科，支持国防科技大学物理学科、湖南师范大学物理学科与生物学科、湖南农业大学生物学科建设国内一流学科。二是建立协同推进工作机制。由省科技厅、教育厅、发展改革委、财政厅等组成部门协同的联系工作制度，并成立由省

内外科技界、产业界等高层次专家组成的基础研究专家咨询委员会，凝练学科发展和基础研究重大选题，坚持自由探索与重大科技战略需求导向并进，强化基础学科建设顶层制度设计和统筹协调发展。

（二）持续强化基础学科建设重点目标任务

一是立足湖南省重大科技战略需求、产业创新发展需求，围绕湖南省基础学科优势领域，持续推进科技创新财政投入，充分发挥重点学科建设在重大创新平台和重大基础设施建设中的重要作用，加快推进岳麓山实验室、岳麓山工业创新中心、湘江实验室、芙蓉实验室等四大实验室建设。强化国家重点实验室优化重组，加快推进国家超级计算长沙中心升级等重大科技基础设施建设。通过重大科技研发平台和科技基础设施的建设布局，实现重点学科建设、高能级平台建设、高层次人才培养协同推进。二是加快布局数学、物理、化学、生物等重点优势基础学科中心建设，推动学科建设发展。立足湖南省现有的基础学科基础和特色，依托省内重点高校，在“十四五”期间布局、建设一批基础学科研究中心。三是根据湖南省科技战略发展需求启动重大基础研究计划专项。在高效可信数值算法、计算数学、密码学等方向凝练重大数学基础研究选题；在极端条件原子与分子物理、宇称-时间（PT）量子光力学理论和量子精确测量等方面凝练重大物理基础研究选题；在化学生物传感、纳米基因药物研制等方面凝练化学重大基础研究选题；在生物育种、致病基因鉴定、植物基因测定等方向凝练重大生物基础研究选题。探索基础研究长期资助模式，实行5~8年项目执行期。四是深化自然科学基金改革。尊重科学发现的自身规律，鼓励数学、物理、化学、生物学科的科研人员开展自由探索和交流。持续实施自然科学基金青年人才项目，在四个基础学科研究领域加大对青年科技人才的支持比例和力度。

（三）加强基础研究人才引进、培育与集聚

一是推进《“三尖”创新人才工程实施方案（2022—2025）》，实施湖湘高层次人才聚集计划，在湖南省重点学科和优势特色领域重点支持基础学科领域的战略科学家、科技领军人才和青年科技人才。建立长期稳定的基础学科人才支持计划，为基础学科研究人员，特别是青年人才提供研究保障。重点加大对国家级青年科技人才的支持力度，在人才项目中重点予以持续关注和支持。二是优化人才培养和选拔机制，在人才放权、松绑、激励、服务等方面加大政策创新力度，加大对青年人才的普惠性支持。建立健全符合基础学科研究特征的技术岗位评价与晋升体系，优化激励机制，切实提高基础研究实验技术人才的地位和待遇。加大基础学科实验、工程技术与专职服务人才培养力度，建设一支高水平、高素质、结构合理的基础研究技术人才队伍。

(四)优化基础研究发展机制与环境

一是持续优化基础学科建设发展机制和环境，破解"四唯""学阀""圈子"等问题，加强科研学风建设，弘扬科学家精神，加强科研诚信建设管理，制定学术道德规范。二是推进基础学科评价改革，充分尊重基础学科研究周期长、见效慢等特点，树立以质量、绩效、贡献为核心的评价导向的基础学科研究评价改革。三是建立基础性、前瞻性研究项目容错机制，探索基础研究项目的管理考核模式和方法，加大关注和重视未取得预期效果的项目的研究过程和失败原因分析，打造鼓励创新、宽容失败、容错纠错的创新生态，充分激发创新主体活力。四是不断深化基础研究奖补政策兑现，鼓励和引导企业创新主体通过产学研合作、定向委托等方式参与基础学科建设和基础研究，进一步拓宽基础学科研究的资金渠道。

加强轨道交通装备产业核心技术攻关，实现产业链供应链自主可控

石海林　周海球　章国亮　邬亭玉　李维思①

轨道交通装备是中国制造的名片，也是湖南制造业的优势产业。推动轨道交通装备产业高质量发展，打造轨道交通装备世界级产业集群，是贯彻落实习近平总书记对湖南重要讲话重要指示批示精神，全面落实“三高四新”战略定位和使命任务的重要体现。当前我省应立足产业既有基础和优势，集中力量攻关破解“卡脖子”问题，补齐产业短板，打牢产业基础，巩固我省轨道交通装备产业领军地位，为我省打造轨道交通装备世界级产业集群提供持续发展动能。

一、湖南省轨道交通装备产业基础与优势

“十三五”期间，我省大力培育发展轨道交通装备产业，基本形成了整车总装、核心部件及配套部件制造与研发的产业链条，逐步成为湖南制造乃至中国制造的亮丽名片。

（一）产业基础雄厚

“十三五”期间，我省轨道交通装备产业年均复合增长10%以上，产值在全国整体行业中的占比超过30%，是国内市场份额最高的省份。2020年我省先进轨道交通装备产业总体规模已达到1500亿元，成为全球最大的轨道交通装备研发制造基地，也是国

① 石海林，湖南省科学技术信息研究所助理研究员，主要研究方向为产业竞争情报；周海球，湖南省科学技术信息研究所高级工程师，主要研究方向为产业竞争情报；章国亮，湖南省科学技术信息研究所助理研究员，主要研究方向为产业竞争情报；邬亭玉，湖南省科学技术信息研究所助理研究员，主要研究方向为产业竞争情报；李维思，湖南省科学技术信息研究所副所长、副研究员，主要研究方向为产业竞争情报。

内最大的轨道交通装备出口基地；拥有400余家轨道交通装备产业关联企业，产品本地配套能力强，中车株洲所、中车株机产品本地配套率达70%以上；电力机车产品占全球市场份额的27%，居世界第1位；城轨车辆国内市场占有率为30%，动车组出口全国第一。

（二）产业链条完善

形成了以五大板块为主的产业体系：一是以中车株机、中车长江（株洲）为龙头的电力机车、城际动车组、城轨车辆及铁路货车总成板块；二是以中车株洲所、中车株机、国创轨道等为核心的牵引传动、智能控制、安全装备、牵引电机及变压器等关键部件及服务板块；三是以联诚集团、九方装备等为代表的配套部件及服务板块；四是以铁建重工为代表的轨道交通施工及装备等路外板块；五是以中车物流为代表的基础设施及物流板块。

（三）产品技术领先

核心零部件及整车产品技术居于国际领跑或并跑水平，其中牵引传动及网络控制系统、永磁同步电传动系统、牵引电机和变压器、高性能环保新型先进复合材料等核心系统、关键零部件及材料技术水平全国领先，整机及配套出口全国第一；中低速磁浮车辆、超级电容储能式现代有轨电车、全球首列虚拟智轨列车、超级电容储能式现代无轨电车等新型轨道交通车辆均为行业首创。

（四）创新成果丰硕

掌握了系统集成、交流传动、重载运输、磁悬浮、车辆储能、铰接轻轨车辆、高速受电弓、超级电容等多项前沿技术。主导、参与制定国际标准84项、国家标准112项，获得发明专利超过8000件，每万人有效发明专利拥有量28.08件。获得国家科学技术进步奖特等奖1项、国家科学技术进步奖一等奖1项、国家技术发明奖二等奖7项、国家科学技术进步奖二等奖10项。

平台支撑有力。拥有工信部“国家级轨道交通装备新型工业化产业示范基地”“轨道交通装备产业集群区域品牌建设试点”、科技部“首批创新型产业集群试点”、国家发展改革委和财政部“战略性新兴产业区域集聚发展试点”。拥有国家先进轨道交通装备制造业创新中心、大功率交流传动电力机车系统集成国家重点实验室、机车和动车组牵引与控制国家重点实验室等国家级创新载体28家。

二、湖南省轨道交通装备产业短板与问题

我省轨道交通装备产业短板主要是工业芯片、基础软件、工业软件、轴承等核心零部件及控制软件大多采购于欧美日等国，关键核心技术受制于人，甚至存在“卡脖子”风险。

（一）高端工业芯片依赖进口，美日欧主导市场

工业芯片可划分为计算及控制类芯片、通信类芯片、模拟类芯片、存储器、传感器及安全芯片六大类。从产业规模看，2019 年全球工业芯片市场销售规模达 485.6 亿美元，美、日、欧分别占据全球的 45.5%、15.8%、14.3%，全球前 50 大工业芯片厂商中美国拥有 21 家。我国工业芯片综合竞争能力弱，国产配套率低，轨道交通等领域芯片自主化率不足 10%，且多集中在中低端市场。虽然目前在功率器件、微控制单元、压力传感器、通信芯片、IGBT、工业存储等领域已初步实现了国产替代，但高端工业计算类芯片 FPGA、高精度数据转换器 ADC、多相高效电源管理芯片、通信射频等国产化率不到 1%，受制于人的情况十分严重。当前中车株洲所采用的中央处理器（CPU）、数字信号处理（DSP）、模拟信号处理、铁电存储等多种工业芯片均来自美日欧等国家和地区。

（二）基础软件和工业软件被“卡脖子”，美国独霸市场

基础软件和工业软件是软件产业的核心基础和制高点，是智能制造的“大脑”。目前，我国轨道交通用核心高端基础软件和工业软件几乎均由欧美发达国家开发和垄断。随着中美贸易冲突进一步升级，工业软件将是中美科技博弈的焦点。

1. 电子设计自动化软件

电子设计自动化软件用于辅助完成芯片功能设计、验证等流程，被称为“芯片之母”，包括电路设计与仿真工具、PCB 设计软件、IC 设计软件、PLD 设计工具等。国产电子设计自动化软件技术水平较低，缺乏市场竞争力，是整个半导体产业链中与国外差距最大的环节。近年来，我国电子设计自动化软件企业虽然涌现了华大九天、芯禾科技、广立微、九同方微、概伦电子、博达微、芯华章等优秀企业，但整体国内市场份额占比不足 10%。

2. 嵌入式实时操作系统

嵌入式实时操作系统是工业控制器的核心软件。目前，国产嵌入式实时操作系统尚未成熟，国产操作系统产品性能、用户体验、稳定性等仍有缺陷，生态链相关企业缺乏深度合作。国内虽然涌现了可用于轨道交通领域的秦简 DJYOS、华为 LiteOS、阿里 AliOS Things、翼辉 SylixOS、赛睿德 RT-Thread 等操作系统，但中车集团目前采用的相关系统软件仍主要来自美国和加拿大。

（三）高端轴承对外依存度高，欧日美基本垄断

高端轴承市场主要由瑞典企业斯凯孚，德国企业舍弗勒，日本企业恩斯克、恩梯恩、美蓓亚、不二越、捷太格特，美国企业铁姆肯等八大跨国集团瓜分，占据了全球70%以上的市场。我国轨道交通装备用轴承主要依赖进口，受制于加工水平、材料、热处理工艺及品牌等限制，国产轴承多为附加值低的中低端产品。2020 年，我国轴承行业实现营业收入 1930 亿元，轴承企业有百余家，产量已跃居世界第三位，主要有瓦轴、洛轴、哈轴、人本、天马等企业，但应用于高速列车领域较少。目前，湖南省轴承行业有迈科轴承、崇德科技、美蓓达等轴承企业，在深沟球轴承、滑动轴承、不锈钢轴承、无刷电机轴承等方面有一定研发生产基础，但整体实力有待加强。

三、多措并举破解轨道交通产业“卡脖子”问题

（一）全面提升全产业链创新能力

一是聚焦支持攻关一批关键核心技术。在重大技术专项中深化轨道交通装备领域支持项目，集中攻关动车组集成制造技术、无人驾驶技术、磁悬浮技术、储能技术、信息化与无线重联技术、永磁牵引与变流技术等尖端技术；同时开展新型轨道交通装备、智能化大数据、轻量化环保材料等前沿技术研究，持续增强产业基础能力和产业链创新能力。

二是持续提升产业链自主可控水平。进一步推进关键软件应用及服务自主替代，重点围绕安全实施操作系统、数据库、电子设计自动化等高端工业软件及 ERP 等集成化管理信息系统实施关键核心软件技术攻关，推动轨道交通制造企业与软件企业开展产用协同攻关适配，打造融合产业应用协同攻关平台，形成一批自主应用解决方案，持续提升轨道交通产业所需的关键软件及服务的自主可控水平。

三是大力推广“制造+服务”模式。鼓励和支持省内重点企业在聚焦制造主业的同

时，逐步拓展设计研发、试验验证、系统集成、认证咨询、运营调控、维修保养、工程承包等增值服务，实现由“生产型制造”向“服务型制造”转型，提升企业核心竞争力，扩大关键环节企业的产业链带动力，锻造韧性更好、强度更高的产业链。

（二）协同联动持续优化产业生态

一是深化战略技术创新攻关联合体建设。以国家先进轨道交通装备创新中心为基础，持续深入推进轨道交通技术创新攻关联合体建设，强化企业创新主体地位，促进各类创新要素向企业集聚。积极探索模式创新、组织创新、业态创新、体制机制创新，形成一套在行业可复制、可推广的创新模式，加速轨道交通技术的成果转化。

二是着力招大引强增添发展动力。芯片、软件和轴承等领域的研发技术门槛高、投入大，仅靠省内资源难以短期攻关，也无法跟产品功能成熟的国际巨头竞争。一方面，按照产业技术和产品攻关的紧急程度，研究发布引智地图，按图索骥精准引进全球顶尖研究团队、科研人才和龙头企业，借助外力补充产业短板；另一方面，引进芯片、软件和轴承等领域企业和专业人才，进一步优化创新创业生态环境，健全人才绿卡、人才评价等人才政策，着力吸引承接国外优秀高端人才和企业落户湖南。

（三）充分激发现有制度创新活力

一是发挥“揭榜挂帅”攻关作用。聚焦湖南轨道交通装备领域亟须攻关的“卡脖子”技术，面向湖南轨道交通龙头企业提出的技术难题和重大需求，设立“揭榜挂帅”技术攻关项目。

二是激发科创大赛原创动力。一方面，聚焦软件产业发展现行需求，充分调动湖南国家应用数学中心以及国防科技大学、中南大学、湖南大学等高校计算机、数学专业的科研资源，搭建 EDA、CAD、MATLAB 等软件的替代模型数学建模、科创比赛、大学生研究竞赛等科创赛事平台，充分挖掘软件设计、开发领域人才的原始创新能力，着力突破关键性软件技术瓶颈；另一方面，基于赛事平台，建立创新成果开源持续开发创新机制，搭建开源开放社区等基础支撑平台，对接创投机构和企业，落实相关优惠政策，推动优秀软件设计竞赛作品在湖南落地应用。

实施技术成熟度评价制度，深化科技项目管理机制改革

周海球　黄晓林　邬亭玉　张小菁①

在科技创新支撑构建新发展格局、推动经济高质量发展的新形势下，完善科技评价机制、促进科技成果转化，已成为深化科技体制改革的重要课题。技术成熟度评价作为一种科学的评价方法，在科技评价和成果转化中效用突出，目前在西方发达国家已有较为成熟的应用，产生了很好的管理效益，我国军工和航天以及其他科技部门也已将其应用于重大科研项目管理，积累了较丰富的应用经验。因此，建议深入研究和实施技术成熟度评价制度，将其作为我省深化科技体制改革的重要抓手和创新举措。

一、技术成熟度的价值

技术成熟度是指一种技术相对于某个具体系统或项目所处的发展状态。它反映了一种技术对于任务目标的满足程度，可用于评价特定技术的成熟程度，也可判断不同技术对目标的满足程度。技术成熟度等级(TRL)，是对技术成熟程度进行度量和评测的一种标准。经典的TRL包括从原理发现、技术设计、技术开发、技术验证、技术集成到技术系统应用等多个阶段，共9个等级(见表1)。

① 周海球，湖南省科学技术信息研究所高级工程师，主要研究方向为产业竞争情报；黄晓林，湖南省科学技术信息研究所助理研究员，主要研究方向为产业竞争情报；邬亭玉，湖南省科学技术信息研究所助理研究员，主要研究方向为产业竞争情报；张小菁，湖南省科学技术信息研究所所长、研究员，主要研究方向为科技战略与政策。

表 1　经典的技术成熟度等级(TRL)划分①

等级	技术成熟度特征描述	主要成果形式
1	观察到基本原理并形成正式报告	报告
2	形成了技术概念或开发方案	方案
3	关键功能分析和实验结论成立	验证结论
4	研究室环境中的部件仿真验证	仿真结论
5	相关环境中的部件仿真验证	部件
6	相关环境中的系统样机演示	模型样机
7	在实际环境中的系统样机试验结论成立	样机
8	实际系统完成并通过实际验证	中试产品
9	实际通过任务运行的成功考验，可销售	产品、标准、专利

技术成熟度评价在科技管理中具有重要应用价值，主要体现在以下几方面：一是控制项目技术风险。在进行项目论证时比较不同技术路线下各项技术的成熟度和难度，可有效保证项目以最优的技术路线实施，降低项目实施失败的风险，防止科研投入“打水漂”。二是掌握重大项目进展。对长周期、重投入的重大科研项目开展定期技术成熟度评价，有利于及时掌握项目执行状态，了解技术进展情况、与预期技术目标的差距等，为保障关键技术和控制性工程顺利攻关、统筹协调项目资源和进行重大管理决策提供依据。三是促进技术成果转化。开展技术成熟度评价，对处于不同技术成熟度阶段的技术成果分类施策，可以提高转化决策的科学性。对技术成熟度等级较低但有重大应用价值的原创性技术，可给予持续、稳定的支持，推动技术的不断成熟；对技术成熟度等级较高的技术成果，可积极创造转化条件，促进成果落地及产业化。四是强化科技项目全过程管理。在科技项目管理中提出技术成熟度要求，可进一步明确项目准入和完成条件，对项目进度控制提出更高要求，为项目立项、实施、结题或终止提供决策参考，有利于更好地评价项目实施绩效，提升管理精细化水平。

二、国外技术成熟度评价主要经验做法及应用情况

技术成熟度等级及评价最早由美国国家航空航天局(NASA)于 1989 年提出，目前

① 参考国家标准《科学技术研究项目评价通则》(GB/T 22900—2009)中开发研究项目技术就绪水平量表。

技术成熟度评价在美国以及欧洲已作为国防采办和科研管理的常态化管理工具，得到了大范围推广应用，具有较完善的评价规范、工作流程和评价工具。

（一）技术成熟度评价规范文件不断完善

美国国防部先后制定并发布了2003版、2005版、2009版和2011版的国防部技术成熟度评价指南，并且多次通过《国防采办指南》和采办条例进一步规范TRL评价要求。如：2004年美国国防部发布《国防部技术就绪评估手册》，对技术成熟度的定义、方法、流程等进行了详细的描述。2013年，欧洲航天局（ESA）编写了《航天系统技术成熟度等级及评价准则定义》标准，对国际航天领域的技术成熟度进行了规范。2016年，美国审计署（GAO）发布了《技术成熟度评价指南》，为政府、企业、机构采办决策或项目实施提供了相应指导。技术成熟度评价规范文件的不断完善，为技术成熟度的应用提供指导性文件依据。

（二）技术成熟度评价工具逐渐成熟

美国空军研究实验室（AFRL）开发了第一个TRL计算工具，通过回答一系列问题来确定技术是否达到了某一特定的TRL级别，并将评估结果以图表的形式表现出来。NASA、ESA、美国能源部和美国国土安全部等都以AFRL的TRL计算器为蓝本，各自进行了评价细则制定和评价工具开发。评价工具的逐渐完善使技术成熟度评价更为便捷。

（三）技术成熟度评价在重大研发项目管理中得到广泛应用

NASA在航天项目上已广泛采用技术成熟度评价，包括航天飞机、木星探测、太阳帆、战神火箭等知名项目。美国国防部每年都会对多个重大国防采办项目进行技术成熟度评价，以防止项目“拖工期、增预算”，其中包括ABL机载激光器、F-22战机、JSF联合攻击战斗机、B2轰炸机改造等知名项目。波音、空客、惠普、SpaceX等公司也将技术成熟度评价用于项目管理中，用以加强协同开发中的技术管理，保证项目研制进度和资金预算。法国还对国防研发投入预算以技术成熟度为依据进行了分割，其中技术成熟度1~3级、4~5级和6级以上项目支持占比分别为15%、50%和35%。

三、国内技术成熟度发展应用情况

（一）国家层面技术成熟度发展及实践应用

我国对技术成熟度评价的研究始于20世纪90年代，21世纪初开始进入实际应用，当前国家层面已制定一系列技术成熟度评价标准与规则体系，并逐渐应用于国家重大科研项目研发管理。

一是在科研项目、国防装备、新材料等领域已制定了较成熟的技术成熟度评价标准与规则体系。2009 年国家标准《科学技术研究项目评价通则》（GB/T 22900—2009）出台，提出了基础研究、应用研究和开发研究三类项目技术成熟度评价标准。2012 年开始，总装备部发布了《装备预先研究技术成熟度评价暂行办法》、《装备技术成熟度评价程序》（GJB 7689—2012）、《技术成熟度评价指南》（GJB/Z 173—2014）等系列文件，将技术成熟度评价系统应用于装备研制中。2018 年，工信部发布《新材料技术成熟度等级划分及定义》（GB/T 37264—2018），应用于新材料技术成熟度评价。

二是国家重大科技计划项目已将技术成熟度评价作为项目管理重要工具。在军工和航天项目中，技术成熟度评价已有广泛应用，包括神舟系列飞船、大飞机制造等重大工程。在国家科技计划中，2014 年，科技部对国家科技重大专项中的关键核心技术的基线状态、当前状态和预期状态进行技术成熟度评价，作为项目管理评价的重要依据。2015 年，国家重点研发计划重大科学仪器设备开发专项开始采用技术成熟度评价方法，量化评价项目当前所处的成熟状态。2016 年，该专项在申报指南已明确要求，开发类项目在验收结题时，技术成熟度须达 8 级以上。2021 年，“十四五”国家重点研发计划重点专项指南中也已明确将技术成熟度评价纳入项目管理。

（二）国内省区市区域技术成熟度应用情况及主要经验做法

国内各省区市根据国内外技术成熟度评价相关标准和各省区市实际情况，积极探索技术成熟度评价在科研项目管理中的应用模式，目前已有广东、山东、河北、上海、黑龙江、陕西、贵州等多地开展了相关应用实践。其中代表性案例主要有：

一是广东省最早在省级科技计划管理中引入技术成熟度评价，保障重点项目顺利实施。广东是全国率先在省级科技计划项目管理中引入技术成熟度评价的省份。2013 年以来，广东省开展了大量技术成熟度评价研究和实践工作，同时制定了《技术就绪度评价标准及细则》。目前广东省重大科技专项、重点研发计划项目管理均已引入技术成熟度评价，其中，重点研发计划在其申报指南中更是明确：主要支持技术成熟度 4~6 级的项目，项目完成后技术成熟度应有 3 级以上的提高。

二是山东省出台技术成熟度实施细则，实现技术成熟度评价全过程管理。2021 年，山东省出台了《山东省重点研发计划（重大科技创新工程）项目技术成熟度评价实施细则（试行）》，将技术成熟度嵌入立项、考核、验收和后续跟踪四个环节，为项目立项、过程管理和绩效评价等提供重要依据。同时，已在 2022 年山东省重大关键技术攻关项目征集中引入技术成熟度评价，将技术成熟度划分为 13 个等级，并将所涉关键技术的当前和预期技术成熟度作为建议采纳的重要参考。

三是河北省将技术成熟度评价引入科技成果转化项目管理，助力成果落地转化。2019年，河北省在《科技成果转化价值评价规范》地方标准中已探索性提出“成果成熟度”这一转化属性。目前该省已编制了《技术创新成熟度评价标准及评价细则》，并应用于与中科院合作的重大科技成果转化专项项目管理，明确支持技术成熟度8级以上的项目，并对每个阶段项目应达到的技术成熟度等级提出了明确要求。

总体而言，技术成熟度评价在欧美等发达国家应用较早也较成熟，国内虽然起步较晚但发展迅速，国家和行业的技术成熟度评价应用已有一定经验积累，省域技术成熟度评价应用总体尚处于摸索试点阶段。

四、建议

国内外技术成熟度评价应用所形成的有益经验，对我省健全完善科技项目管理机制、提升项目管理精细化水平具有重要参考价值。结合我省技术创新管理对技术成熟度评价需求现状，建议加快出台相关政策和可操作性细则规范文件，开发技术成熟度评价工具，并将技术成熟度评价应用于科技计划项目管理和成果转移转化。

（一）政策指引，出台、完善相关政策文件

积极出台科技项目技术成熟度评价标准与细则等政策文件，从评价依据与标准、目标与职责、环节与内容、流程与控制、监督与保障等方面进行明确和细化，力促科技项目技术成熟度评价落地实施。探索制订科技成果转化价值评价规范地方标准，或修订《科技成果评价规范》现行地方标准，纳入技术成熟度评价内容，完善科技成果评价机制。

（二）研究支撑，开发本地化技术成熟度评价方法与工具

以促进科技成果转化、保障项目实施为出发点，围绕技术成熟度评价，深入研究技术成熟度与设计、制造、产品、集成、系统成熟度内在关系。探索研制符合本身需求的广义技术成熟度评价标准体系和《技术成熟度评价手册/指南》，开发技术成熟度评价工具，为开展本地化的技术成熟度评价提供有力的技术支撑。

（三）应用导向，嵌入科技计划项目管理过程

一是在项目立项阶段，建议对财政经费支持超过一定额度的研发性项目开展项目技术成熟度评价，为项目立项提供参考。二是在项目验收阶段，建议对项目开展成果

技术成熟度自评和第三方评价，了解项目技术成熟度状态，为项目下一阶段支持提供参考依据。三是在重大项目预研与管理方面，针对科技重大专项、重大科技基础设施等重大项目，建议充分开展技术成熟度评价，绘制技术体系成熟度图谱，为研判项目技术可靠性和执行风险提供决策参考。四是在科技成果转移转化方面，建议以技术成熟度为主要参考指标，深化我省与中国科学院、中国工程院、国防科技大学等大院、大所、高校合作，立项支持一批重大科技成果转化合作项目，促进创新性强、技术成熟度高的重大创新成果在湘落地转化。

第四部分

人才篇

湖南完善科技人才评价激励机制研究[①]

王文强 马贵舫 宋本江[②]

建立科学合理、公平公正的科技人才评价与激励机制，是激发广大科技工作者创新创造活力的有效保障。习近平总书记在中央人才工作会议上强调要深化人才发展体制机制改革，明确提出完善人才评价体系，构建充分体现知识、技术等创新要素价值的收益分配机制等要求，为新时期完善科技人才评价与激励机制指明了方向。“十四五”是我省全面落实“三高四新”战略定位和使命任务的重要时期，面对激烈的科技人才竞争形势，应把完善人才评价与激励机制作为打造科技创新高地、建设人才强省的重要举措，推动更多的优秀人才脱颖而出，激励人才多出高质量科技成果，为塑造湖南高质量发展新优势凝聚强大的力量。

一、已经形成的良好基础

近年来，省委、省政府高度重视科技人才队伍建设，以“芙蓉人才行动计划”为统领，持续推进科技人才评价与激励改革，推动人才成长发展环境不断优化。

在科技人才评价方面，在省级层面率先出台《关于进一步完善科技人才评价机制的实施办法》，明确提出优化科技人才计划与布局，改进科技人才项目申报评价方式，科学设立科技人才评价标准，为科技人才减负松绑等具体措施。出台了《关于深化职

---

① 本报告为2020年创新型省份建设专项决策咨询研究项目“‘十四五’科技人才服务体系建设实施方案”的研究成果。

② 王文强，湖南省社会科学院(湖南省人民政府发展研究中心)人力资源与改革发展研究所所长、研究员，主要研究方向为人才战略与政策；马贵舫，湖南省社会科学院(湖南省人民政府发展研究中心)人力资源与改革发展研究所副所长、副研究员，主要研究方向为人才战略与政策；宋本江，湖南省社会科学院(湖南省人民政府发展研究中心)人力资源与改革发展研究所研究员，主要研究方向为人力资源管理。

称制度改革的实施意见》《湖南省畅通职称评审绿色通道10条实施意见》等文件，破除唯论文、唯职称、唯学历、唯奖项倾向，对业绩成果特别突出或急需紧缺人才，放宽职称、学历和年龄等要求。建立特定群体职称评审的个性化绿色通道，开展产业人才专场职称评审，下放申报推荐权限、专业调整设置权限和评审权限等，初步形成了“不拘一格评人才”的良好氛围。出台了科研经费管理“二十条”，开展了减轻科研人员负担的“四减”（减环节、减材料、减时间、减费用）专项行动，为科技人才潜心科研创新营造了更加宽松的环境。

在科技人才激励方面，制定了《湖南省科学技术奖励办法》，修订了《湖南省实施〈中华人民共和国促进科技成果转化法〉办法》，进一步明确了科技成果转化收入分配、奖励、报酬激励等具体措施。落实国家相关文件，允许事业单位对急需、紧缺、引进的高层次科技人才实行年薪制、协议工资制或项目工资等分配形式。实施了支持企业、高校及科研院所加大研发的财政奖补政策，2020年奖补企业2876家、资金7.87亿元，带动全省建立研发准备金制度备案的企业数增长49.6%。优化科技人才项目与经费使用，探索技术攻关“揭榜挂帅”机制。实施湖湘高层次人才聚集工程，对引进的海内外顶尖团队，提供最高1亿元的经费支持，2018年以来引进342名高端人才。这些为我省形成有利于创新创业创造的环境提供了有力支撑。

二、亟待解决的主要问题

尽管我省科技人才评价与激励机制改革已经取得初步成效，相关制度框架也基本形成，但调研发现，实践中还存在一些亟待解决的问题，进一步深化改革、细化举措、推动相关政策落地的空间还较大。

（一）科技人才评价指标设置待规范

尽管我省《关于进一步完善科技人才评价机制的实施办法》对建立科学的科技人才评价标准作出了明确的要求，但目前尚缺乏落实的细则，在实践操作层面各单位自行其是，评价指标设置的科学性难以保障。从对科研院所与高校的调研来看，它们大都建立了自身的评价指标体系，但有些单位的指标设置偏离了评价人才的初衷。比如，有些单位将自己科研产出的短板作为人才评价的“指挥棒”，如果专利是短板，就提高专利指标所占的权重，如果SCI论文产出是短板，就提高SCI论文所占的权重；有些高校将高校排名影响因素导入对人才的评价中，业绩评价中过于注重论文数量与被引次数，职称评审时相关指标倾向于海归人才；等等。这样因人因事设置和调整人才评价指标，容易滋长科技创新的短期行为，不利于科技人才成长发展。

(二)科技人才分类评价机制待建立

人才分类评价既要区分评价标准，也要区分评价方式。在评价标准上，目前我省在科技人才评选、职称评审等方面，除自然科学研究系列在评价标准上区分了岗位类型外，多数单位仍采取的是“一把尺子量到底”的单一人才评价标准，比如高校教师、医生等很多也是从事不同类型科研的人才，但在评价标准上与其他人才相同，一些应用研究、技术开发人才不得不分出大量精力来发文著书。在评价方式上，国家倡导对科技人才建立以同行评价为基础，用人主体评价、社会评价、市场评价共同发挥作用的多元评价方式，但我省各单位基本上采取业绩量化加评审专家评议的形式，并未区分科技人才类型，而且业绩量化越来越盛行，社会评价、市场评价或被简单量化或被虚化，评价的准确性难以得到保障。

(三)用人单位评价人才自主权待放宽

一方面，人才评选的行政化色彩较浓。科技人才比较集中的科研院所、高校、公立医院等均在事业单位管理框架中，各类人才计划中的人才评选及有关评优评先，一般是由主管部门下达推荐指标，一个单位能获得多少指标缺乏科学的标准，一些具备条件的优秀人才受指标限制无法参评，科技人才的横向对比有失公平。另一方面，职称评价中用人单位作用发挥不充分。尽管我省人社部门已将职称评审的权限放开，一些高校、科研单位、大医院、大企业可以自行评审，但诸如自然科学、农业、卫生等系列的职改办设在行业主管部门，评价标准与方式都由主管部门掌控，用人单位难以参与，存在“评人的不用人，用人的不参评”问题。

(四)人才计划的激励效应待提升

我省现有的科技人才计划主要对接国家相关人才计划制定，虽然这有利于形成人才梯队和共同支持的工作格局，但也受到了人才计划类型的限制，使得人才计划的覆盖面太窄，针对性不足，缺乏本省特色。同时，由于不同人才计划遴选对象存在交叉重叠，导致一个人戴若干顶“帽子”的情况出现，虽然在资金项目支持上已经不重复，但当前很多单位将人才“帽子”作为评才引才的主要依据，“帽子”在少数人才头上过度集中，不利于科技人才潜心创新创造，也影响到人才计划的激励效应。

(五)科研项目经费管理待“松绑”

2021 年国务院办公厅下发了《国务院办公厅关于改革完善中央财政科研经费管理的若干意见》，作出扩大科研项目经费管理自主权、加大科研人员激励力度等多项创新规定，释放出科研经费管理“松绑”的强烈信号。我省目前尚未制订关于地方科研经费管理的政策文件，无论是经费拨付部门还是项目承担单位对科研项目的预算编制、使用经费的方式、间接费用的控制仍然较严格，科研人员自主支配权有限，尤其是一些主要使用智力劳动的科研项目，应有的绩效开支得不到保障，其他开支又难报销，难以形成应有的对人才的激励效应。

（六）区域科技人才激励政策待协同

我省科技人才地域分布差异大，2019 年全省研发人员有 42.5%集中在长沙，大湘西地区三市州加起来不到全省的 5%，尤其高层次科技人才主要集中在长沙，经济相对落后地区科技人才紧缺。但我省对落后市州引聚高层次人才并没有倾斜性激励政策支持，以致在人才争夺中，形成了相对落后地区人才流失的“马太效应”。同时，长沙市出台的人才激励政策力度较大，但诸如人才医疗、购房、落户及子女入学等政策仅针对本市单位人才，处于市内的省部高校、科研院所和企业等都无法享受，导致同城的人才落差感较强。

三、政策建议

当前，科技人才竞争日趋激烈，人才生态越来越成为竞争的焦点，这对我省完善科技人才评价与激励机制提出了迫切要求。有效解决上述问题，更好地贯彻落实党中央和省委、省政府决策部署，需要加快创新相关政策措施。

（一）定规矩：制订科技人才评价的指导标准

建议加快制订我省科技人才评价的通用指导标准，以创新价值、能力、贡献为导向，以坚守道德诚信为基础，以基本素养、能力、实绩、社会影响（贡献）等为基本准则，区分不同科技人才类型，建立导向鲜明、针对性强的指标体系。充分考虑科技活动的多样性，根据不同的评价目的与应用场景，明确在选拔引进（包括评选、引进、职称评审、竞岗等）、考核评估中各类指标评价权重设置的基本要求，真正建立起破除“四唯”的评价标准。同时，提出科技人才分类评价方式的标准，推行同行评价、市场评价、社会评价相结合的多元评价方式，对量化、评审、答辩、调查、评估、测评、实践操作等具体方法作出规范。以此为基本依据，推动相关部门、各用人单位开展科技人才评价制度的修订，构建科学的评价体系。

（二）扩权限：突出用人单位评价人才的主体地位

习近平总书记强调，“要根据需要和实际向用人主体充分授权，发挥用人主体在人才培养、引进、使用中的积极作用”。建议我省进一步向科技人才智力密集的高校、科研院所、大型企业、研发机构等用人单位下放人才引进、职称评审、聘用评价自主权，坚持“干什么、评什么”，由用人单位自主确定评价条件，自主评价、按岗聘用，职能部门主要负责指导和监管。对行业主管部门承办职称评审的，应采取委托的方式，由行业协会、学术团体等制订本行业领域相关的职称评审规范，提供人才评价服务，并充分吸纳用人单位参与评审。借鉴科技奖励办法，在科技人才计划遴选中探索提名制，在符合基本条件的基础上，对各级相关部门、单位的提名人选进行评审，确保评价的公平公正公开。

(三)拓空间：扩大科技人才计划的覆盖范围

建议结合我省创新链、产业链发展需求，扩大科技人才计划覆盖面，进一步细分省级人才计划的学科、行业支持方向，单列重点学科领域科技人才计划、重点产业领域科技人才计划、欠发达区域科技人才计划、青年科学家支持计划，畅通非公有制组织领域科技人才申报渠道，适当放宽企业人才推荐条件。加大科技人才计划的支持力度，提高省级重点研发计划和科技重大专项的资助规模与标准，支持青年科技人才参与战略前沿领域研究，以项目经费“包干制”的形式鼓励开展自主选题研究。加强人才计划统筹规范，确保在相同层次人才计划中同一人才在支持期内只能获得一项支持、一个称号。

(四)强激励：激发科技人才创新创业的积极性

一是完善薪酬激励。建立科研事业单位绩效工资水平核定动态调整机制，对创新创造、成果转化业绩突出的单位，提高绩效工资核定额度，增量主要用于科技人才奖励性绩效工资的分配。加大对基础性、公益性科研单位的经常性经费稳定支持力度，落实对急需紧缺高层次人才和承担关键领域核心技术攻关任务科研人员的特殊薪酬规定。二是优化项目激励。加快制订我省科研经费管理的规范，对科研人员横向项目经费和纵向项目经费实行分类管理，对以市场委托方式取得的横向项目经费管理实行合同约定优先，对纵向财政科研项目，比照中央财政科研经费管理，给予科研人员更大的经费管理自主权。三是加强转化激励。落实科技成果转化收益分配比例相关规定，探索对主要或全部利用财政资金取得职务科技成果的，赋予科研人员或团队职务科技成果所有权或长期使用权。借鉴湖北等省做法，在省科技奖励中增设科技成果转化奖。实施“首台套、首批次、首版次”奖补政策。支持事业单位科研人员为企业提供技术开发、技术咨询、技术服务、技术培训等并按规定获得报酬或奖励，允许科研人员以“技术股+现金股”形式持有股权。

(五)优服务: 提高科技人才的归属感

加强省属高校、科研院所、企业的人才服务，制订相关政策，比照执行同城的人才医疗、购房、落户及子女入学等优惠政策，增强同城科技人才的归属感。建立省级科技人才服务O2O平台，探索推行高层次人才一卡通服务，实现对科技人才“指尖上的服务”，借鉴山东省做法，探索实行高层次科技人才服务专员制度，建立跟踪联系机制，推动高层次人才应享有的政策、待遇、服务落实到位。营造鼓励创新、宽容失败的氛围，对于科技人员承担的财政性科技项目，能够充分证明科技人员已经履行了勤勉尽责义务仍不能完成的，不影响其项目结题和继续申请科技项目。在各类省级媒体开设创新专栏，加大对有突出贡献科技人才和创新团队的宣传力度，弘扬科学精神，增强科技人才的荣誉感、成就感。

湖南省科研事业单位科研人员评价制度改革研究

马贵舫①

改革开放特别是党的十八大以来，党和国家高度重视人才评价制度改革，先后出台实施了《关于深化人才发展体制机制改革的意见》《关于深化职称制度改革的意见》《关于分类推进人才评价机制改革的指导意见》《关于深化项目评审、人才评价、机构评估改革的意见》等指导性文件，对人才评价制度改革作出了总体部署。湖南省认真贯彻落实中央精神，相继制定实施《关于深化职称制度改革的实施意见》《关于分类推进人才评价机制改革的实施方案》《湖南省畅通职称评审绿色通道10条实施意见》等政策措施，人才评价制度改革稳步推进。为全面把握湖南省人才特别是科研事业单位科研人员评价制度改革进展状况，我们聚焦科研事业单位，对科研人员评价制度进行了扫描，并从整体上分析了人才评价制度改革中出现的新情况新问题，提出了今后的改革方向和对策。

一、当前湖南省科研事业单位科研人员评价制度改革状况

人才评价是人才发展的指挥棒。对科研人员进行考核评价是引导科研人员加大科研投入、提升科研水平、提高科研质量、增加科研产出的关键措施，是科研事业单位科研管理和人事管理的核心内容。可以说，科研人员评价制度实际上充当了左右科研事业单位科研产出的关键性控制变量。作为科研人员管理的重要手段，人才工作的诸多环节中都有人才评价的影子，从人才招聘遴选到人才晋升发展，从年度评优评先到人才计划、荣誉称号人选的评选推荐，从科研资源分配到科研项目考核评审，都离不开对科研人员的考核评价。目前来说，针对科研事业单位科研人员评价制度主要包括两

① 马贵舫，湖南省社会科学院(湖南省人民政府发展研究中心)人力资源与改革发展研究所副所长、副研究员，主要研究方向为人才战略与政策。

个制度：绩效考核评价制度与晋升发展评价制度，前者是对科研人员的例行评价，侧重于科研人员工作业绩的评价，后者主要是专业技术职务评审，是对科研人员工作业绩、能力、贡献的综合评价。

(一)科研人员绩效考核评价制度

对科研事业单位科研人员影响最深的考核评价制度主要是绩效考核评价制度，它是科研人员薪资、奖罚、晋升的主要依据。调查中发现，不同的机构科研人员绩效考核虽各有特点，但也呈现出一些共同点，反映了绩效考核制度改革的趋势。

1. 采用统一的考核内容与考核等次

科研事业单位是我国事业单位的一部分，对科研人员的考核，遵循的基本依据是事业单位工作人员考核办法。多年来，由于缺少上位文件的支持，在考核内容与等次设置上的改革力度均不大，目前湖南省科研事业单位对科研人员的考核内容和评定等次基本上沿用1995年人事部印发的《事业单位工作人员考核暂行规定》，以及原湖南省人事厅制定实施的《湖南省事业单位工作人员考核实施暂行办法》，考核内容均为德、能、勤、绩四项，考核结果分优秀、合格、基本合格、不合格4个等次，采用省人社部门统一印制的考核评价表。调研发现，各单位大多以工作量统计数据和民主测评结果为基本依据，按照专业技术职称分层次按比例确定科研人员的考核等次。绩效评价大多以一年为一个考核周期，个别单位辅之以多周期考核。某省级人文社科类科研机构即采用一年一小考、三年一大考的考评方式，当年的考评结果不作为个人的考评结论，累计三年做一次考评结论。

2. 以定量考评为主

调查中发现，目前科研事业单位的绩效考评大多采用定量考核的方式，部分单位采取定性考核与定量考核相结合，以定量考核为主的原则。定性考核主要考核科研人员的工作态度、工作纪律等，采用述职测评的方式，科研人员按专业技术等级在不同的范围内参与测评。定量考核重点考核科研人员的科研业绩，根据不同单位各具特色的产出成果赋分标准量化计分。其中，人文社科类科研机构重点考评科研人员的课题、论文、著作、(进入)决策成果、领导批示、转载与评价、奖项及各单位认定的其他类成果，自然科学类科研机构主要考核科技创新和科技服务业绩，包括科研项目、科研经费、科技成果、学术论文、出版论著、成果转化以及其他经单位学术委员会认定的科研业绩，并根据各单位不同的诉求划定的科研产出等级对科研人员的科研业绩进行量化评分。某省级农业类科研机构量化计分标准具有较强的代表性(见表1—表7)。

表 1　新争取科技项目量化标准

单位：分

类型	序号	项目来源	名次			
			1	2—5	6—10	11—15
科研项目	1	国家级大项目(重大专项、重点研发、杰青、优青等)	180	100	40	10
	2	国家部委各类专项，省级重大项目	120	50	20	8
	3	国家部委各类专题(任务)及部级其他各类项目，省级重点项目	70	30	12	5
	4	国家部委各类子课题(子专题)及各部委直属部门立项课题，省级一般课题，地厅级重点项目	40	20	8	3
	5	地厅级一般项目	20	10	5	
	6	横向委托项目，院各类基金项目	10	5	2	
条件平台	1	国家级平台	180	100	40	10
	2	部级平台	90	50	20	8
	3	省级平台	70	30	15	5
	4	市级平台	30	10	5	

表 2　农业科技推广应用计分标准

单位：分

序号	类别及等级	名次			
		1	2—5	6—10	11—15
1	一类：主持成果的应用推广工作，新增经济效益不低于 5000 万元	50	30	20	10
2	二类：主持成果的应用推广工作，新增经济效益不低于 3000 万元	30	20	10	5
3	三类：主持成果的应用推广工作，新增经济效益不低于 2000 万元	20	10	5	2

表 3 年度科技成果量化标准

单位：分

序号	类别及等级	名次			
		1	2—5	6—10	11—15
1	国家级一等奖	400	320	220	100
2	国家级二等奖	320	200	120	60
3	省部级一等奖	240	120	60	20
4	省部级二等奖	120	60	40	
5	省部级三等奖	90	40	20	
6	地厅级一等奖	40	20	10	5
7	地厅级二等奖	30	10	5	
8	地厅级三等奖	20	8	5	
9	国家级审定、认定品种，国家标准	100	50	30	20
10	发明专利，省级审定、认定品种，动植物新品种权行业标准	60	30	20	10
11	实用新型专利，地方标准，项目结题	15	8	3	2
12	国务院决策采纳证明	120	60	30	10
13	省部级决策采纳证明	80	40	20	5

表 4 到位经费计分标准

单位：分

类别及等级	名次			
	1	2—5	6—10	11—15
知识产权转让，成果转让收入，技术服务收入，每 3 万元计 1 分，总额封顶 100 分	$X/3\times1$	$X/3\times0.5$	$X/3\times0.3$	$X/3\times0.1$
项目本单位可支配的研究经费，承担的测试类项目经费等，每 5 万元计 1 分，总额封顶 100 分	$X/5\times1$	$X/5\times0.5$	$X/5\times0.3$	$X/5\times0.1$
建设类项目经费（提供有参加人员名单的初步设计方案），每 30 万元计 1 分，总额封顶 100 分	$X/30\times1$	$X/30\times0.5$	$X/30\times0.3$	$X/30\times0.1$
横向联合、国际合作项目中用于出国培训、参会等的费用，每 10 万元计 1 分，总额封顶 100 分	$X/10\times1$	$X/10\times0.5$	$X/10\times0.3$	$X/10\times0.1$

注：1. X 为到位经费，以转入财务为依据；

2. 未达到一个计数单位的，按四舍五入取整数值。

表 5 出版著作计分标准

单位：分

序号	类别及等级	主编	撰写者
1	学术著作(著)	100	$100 \times x\%$
2	学术著作(编著)	60	$60 \times x\%$
3	工具书、教材	30	$30 \times x\%$
4	科普读物	15	$15 \times x\%$

注：$x\%$指撰写者的被除数占出版物总被除数的比例。

表 6 科技论文计分标准

序号	论文类别	名次			
		1	2—5	6—10	11—15
1	SCI、EI、ISTP 论文影响因子低于 1 的，按照本表标准计分；超过 1 的，按照影响因子乘以本表标准计分	15	10	6	3
2	中文核心期刊论文(北大图书馆认定)	6	3	2	
3	其他期刊论文	3	2		

表 7 科技服务计分标准

序号	类别	分值
1	院统一组织的培训、讲课、科技服务等活动	承担服务任务，每参加一项加 1 分，每年度每人最高加 5 分
2	建立科技示范基地、示范园区	创建人员限加 10 分，参加人员每人限加 3 分，参加人员限 5 人
3	领办科技企业(持股)	领办人员限加 10 分，参加人员每人限加 3 分
4	“三区”人才、科技特派员、万名工程	团长加 10 分，参加人员加 2 分，不重复计分

3. 重视品德和工作成效

中共中央《关于深化人才发展体制机制改革的意见》明确提出创新人才评价机制，突出品德、能力和业绩评价，改进人才评价考核方式；国务院《关于深化项目评审、人才评价、机构评估改革的意见》，提出建立符合科技创新规律、突出质量贡献绩效导向的分类评价体系。湖南省科研事业单位认真贯彻落实中央精神要求，探索在科研人员评价中加大品德与工作成效的考核力度。由于相比容易量化的科研业绩，科研人员的品德与科研工作的实际成效难以数字化，目前各单位对品德的评价大都采用民主测评的方式，而对工作的实际成效特别是社会效益的测度目前还未有好的办法。

4. 逐渐向分类考核过渡

过去相当长的时间，对不同类型的科研人员的考核评价大多采用单一型标准实施，忽视了不同类型、不同层次科研人员工作的差异性，导致评价结果有欠科学、客观与公正。《关于分类推进人才评价机制改革的指导意见》要求实行分类评价，科学设置评价标准。调研中我们发现，科研事业单位正积极探索分类评价办法，目前在基础研究、应用研究及产业技术等科研人员的分类评价上取得了一些进展。比如，某农业科研机构对承担科学研究、技术服务和成果转化、试验检测等工作任务的科研人员的考核，就适用了不同的标准。但总的来说，对于如何科学分类，如何平衡各类别科研人员考核评价标准等，还缺乏好的做法，分类评价改革仍然任重道远。

（二）科研人员晋升发展评价制度

科研人员的职业晋升路径从低一级向高一级呈阶梯式发展，高一级职位的晋升要经历严格的竞争和审核程序。在科研人员职称评审中，学术成就和学术声望是重要的资本，是必不可少的“硬通货”。科研成果的数量在一定程度上决定着科研人员在单位的地位，没有科研成果，则晋升职称无望。当前，湖南省科研事业单位科研人员晋升发展制度主要有以下特点：

1. 评聘结合

根据职称评审与岗位聘任的关系，可以将职称评审分为评聘分离、评聘结合、以评代聘和以聘代评四种。不同的时期，这四种模式均在专业技术职务评聘中存在过。目前，湖南省科研事业单位职称评审均实行评聘结合的方式，职称评定与岗位聘用挂钩，即评即聘。由于受岗位结构比例限制，每年晋升名额有限，许多单位符合条件的科研人员晋升不了，科研人员上升通道并不通畅。

2. 评审内容日益多样化

关于在职称评审中以什么为衡量依据，不同的职称序列甚至不同的单位有不同的做法，但总的来说，不论是自然科学类科研单位，还是人文社科类科研单位，都牢牢把握岗位特点，坚持“干什么、评什么”的原则，评审内容日益多样化。某省级人文社科研究机构根据社科研究特点和智库定位，主要从论文、著作、承担课题、奖项、转载、应用决策、领导批示、成果评价等八大方面进行评价，而某农业科研机构则主要从论文、课题、奖项、品种审定或专利、成果转化等方面予以考察。也有部分科研机构向高校看齐，以科研论文评价为主。

3. 自定评审条件与标准

由于发展定位和人才需求不同，不同的科研单位、不同的学术和科研平台，对人才的能力素养要求各不相同，从而对职称评审的标准条件把握也有所差异。随着用人单位职称评审自主权不断加强，在坚持国家标准和省标准的基础上，拥有评审自主权的科研单位加快了自定职称评审标准的工作步伐；由职称评审行政主管部门集中评审的单位，在本单位职称评审推荐人选评价中，也根据自己的实际情况确立标准条件。目前，自然科学类、工程技术类、人文社科类等研究机构的自定标准呈现出各自不同的特点，即便在同一科研机构内，不同学科的标准也体现出了差异性。从标准设定来看，和高校特别是“双一流”建设高校相比，湖南省科研事业单位科研人员评审门槛条件略低，不少高校晋升正高级职称需要具有博士学位、有国外访学经历，但科研事业单位普遍对此不做硬性要求，部分单位仅把博士学位、国外访学经历作为评审中的加分项。

4. 定量评价

职称评审本质上是综合考评，不仅注重科研人员的工作业绩，也注重品德、能力和工作成效的评价，然而对科研人员个体间的品德、能力和工作成效的差异，往往难以准确界定，也难以定性；同时，任何定性的评判，最终还是要落实到定量的考核上，定性离不开定量。因此，在职称评审中，湖南省科研事业单位大都坚持定量评价，各单位根据自身特点，依据一定的标准把科研成果进行分级分类，并据此对科研成果赋予不同的分值，原则上总得分排名靠前者在最终的评审中优先胜出。某农业科研机构在职称评审量化中，重点对科研人员的学术论文、工作业绩、工作能力和评审面试答辩情况进行评分，其中论文采取专家盲审的方式，按 20%的权重计入总分；面试答辩评分按 20%的权重计入总分；科研成果、科技服务业绩、科技创新能力等综合评议按

60%的权重计入总分。量化评分可用以下公式表示：

$$S=P\cdot 20\%+R\cdot 20\%+C\cdot 60\%+Y+J+Z$$

其中：S 为参评对象总分；P 为论文盲审，总分 100 分；R 为面试答辩，总分 100 分；C 为综合评议，总分 100 分；Y、J、Z 为加分项，Y 为职称外语，占 3 分；J 为职称计算机能力等级考试，占 3 分；Z 为专业技术人员继续教育，占 3 分。（量化评分表见表 8—表 11）

表 8　自然科学系列高级专业技术职务任职资格论文量分表

评审指标	指标说明	专家评分
学识水平	1. 创新程度：研究内容是否新颖，研究方法是否有创意，研究结果是否在一定程度上有突破，总分 50 分	
	2. 实用程度：研究方法对相关领域的研究是否有指导意义，研究成果是否推动相关理论的发展或达到试生产程度，总分 20 分	
	3. 研究方法：论证是否严谨，结论是否科学，总分 15 分	
	4. 基本要求：标题、摘要的概括性、准确性，引言的合理性，参考文献的规范性，数据、图表的科学性，总分 15 分	
专家评议总分		

表 9　自然科学系列高级专业技术职务任职资格面试答辩量分表

评审指标	指标说明	专家评分
真实科研能力	1. 参评人科研能力、业绩成果的真实性，总分 10 分	
	2. 参评人对其论文中涉及的专业问题的研究程度，总分 30 分	
	3. 参评人在其突出业绩成果中涉及的专业领域的研究程度，总分 60 分	
专家评议总分		

表 10 自然科学系列高级专业技术职务任职资格综合评议量分表(正高级)

评审指标	评审等级	指标说明
业绩成果	90 分及以上	1. 主持国家级课题 1 项以上 2. 获省部级三等奖第一名 2 项或二等奖第一名 1 项以上 3. 在现职称任职期限内，有本人研究专业方向的论文作品 5 篇以上，且有 1 篇及以上文章发表刊物影响因子达 5.0 以上；或在现任职期限内，有 1 篇及以上文章发表刊物影响因子达 9.0 以上 4. 作为主要完成人，通过国家及品种审定 2 项，或通过省级品种审定 3 项，或获得品种保护权 1 项或专利 4 项 5. 在成果转化、产品推广方面取得重大经济效益，为单位创收 300 万元以上 6. 在服务科研、科研管理方面做出重大贡献，或上级部门重点奖励或主管部门其他有重大意义的肯定,等等 以上条件同时满足两项即可
	70～89 分	1. 参加国家级课题 1 项以上 2. 获省部级三等奖第一名 1 项以上 3. 在现职称任职期限内，有本人研究专业方向的论文作品 3 篇以上，且有 1 篇及以上文章发表刊物影响因子达 3.0 以上 4. 作为主要完成人，通过国家级品种审定 1 项，或通过省级品种审定 1 项；或获得品种保护权 1 项或专利 2 项 5. 在成果转化、产品推广方面取得重大经济效益，在服务科研、科研管理方面做出重大贡献，为单位创收 300 万元以上 以上条件同时满足两项即可
	69 分及以下	未达到 70 分以上标准的

表 11 自然科学系列高级职称评审加分项

加分项	加分标准
外语	符合下列条件之一者，加 3 分 1. 大学英语四级(425 分)及以上 2. 专业英语四级及以上 3. 雅思 6.0 分及以上 4. 托福 75 分及以上 5. 申报副高级职称，职称外语成绩为 B 及以上；申报正高级职称，职称外语成绩为 A 6. 按照相关规定符合职称外语放宽标准、准予面试情形的

续表11

加分项	加分标准
计算机能力	符合下列条件之一者，加 3 分： 1. 通过省级计算机二级及以上考试 2. 通过职称计算机三个模块考试及以上，通过一个模块加 1 分，最高加 3 分 3. 按照相关规定符合可免于全国专业技术人员计算机应用能力考试的
专业技术人员继续教育	参加专业技术人员继续教育培训，并有人力资源和社会保障部门出具的“湖南省专业技术人员继续教育合格证明”的，加 3 分

5. 突出专家评价的作用

在评审工作中，申报人的工作专业性大都比较强，且每个人的工作环境、工作条件和表现都千差万别，特别是近年来科技变革的速度不断加快，新技术、新规范、新方法层出不穷，准确评价一个人的能力素质实际上相当困难，需要专家根据自身的经验、认知对申请人材料进行综合评判。湖南省科研事业单位准确把握这一趋势，在职称评审中突出专家的作用。从表 8—表 11 可以看出，某农业科研机构职称评审中的论文盲审、面试答辩、综合评议等各个环节，专家都起着主导作用。

二、湖南省科研事业单位科研人员评价存在的主要问题

尽管湖南省科研事业单位科研人员评价制度改革不断深入，并取得了一定的进展，但由于科研单位的多样性，科研工作的特殊性，科研人员工作要求、工作任务、工作业绩的差异性，考核评价制度还存在一系列的问题，考核评价结果的科学、客观、公正还有待进一步提升。

（一）过度量化与量化不足并存

量化评价制度在追求效率、实现管理科学化方面效果显著，被广泛运用于企业管理中。这种工业主义的量化管理理念最终延伸到了科研领域，深刻体现在科研人员评价制度上。20 世纪 90 年代以来，量化管理思潮盛行，科研事业单位开始制定工作人员量化考核办法，逐步建立起以量化考核为主要方式的事业单位人员评价制度。湖南省科研事业单位也不例外。量化是科研人员评价的主要手段，考核评价中“唯分”的倾向越来越明显。但由于科研工作的特殊性，量化考核中出现了过度量化和量化不足并存的问题，从而可能导致评价结果失之偏颇。制度设立的初衷是规范行为、调节关系，

达成组织目标，过度量化的评价制度从根本上把科研人员视为“工具人”，把复杂、有创造性的科研工作等同于企业计件式工作，貌似公平的、清晰明确的量化数据实质上消解了科研人员对科研工作的价值追求，单一的量化标准也无法衡量和判断科研人员多样化的发展需求，其作为主体性的人的个体生存和发展意义往往被忽略。

同时，科研人员的工作业绩有时又难以准确量化。科研成果往往都是科研团队成员分工合作、共同努力的结果，但团队成员在成果的取得中做出的贡献很难具体量化，这与对科研人员个体考核评价必须明确其本人的贡献在事实上形成了矛盾，导致评价结果失真。另外，如果科研人员实施的科研项目周期较长、涉及面较广，也很难针对阶段性工作准确评价。至于科研人员的品德、科研工作的成效，就更难以准确测度。怎样通过科学有效的方法对各层次、各类型、各领域的科研人员进行更加客观的量化考核、评级定档，从而实现科研人员个体间的科学的横向对比，是目前科研人员考核评价中亟须解决的重点问题。

(二)评价功能错位

评价制度通常有两大功能，即评价和发展。评价主要是考察科研人员工作投入、业绩，为其晋升、奖励提供依据；发展则是注重科研人员个人发展目标、职业生涯规划，为科研人员未来工作能力发展提供参考和帮助。目前，几乎所有的评价制度侧重的是评价功能，无法为科研人员提供完整的信息反馈，使过程引导被遮蔽，在实践操作层面无法给科研人员提供有效的发展路径，评价制度应有的发展功能被忽略。这种评价方式将评价结果与科研人员的收入、奖惩、晋升紧密相连，使科研人员停留于将科研作为谋生工具的层面上，缺乏对科研职业道德的有效引导和约束，消解了科研人员更深层次的对科研本真的价值追求。这种工具理性主导下的评价制度在科研工作和科研人员中强化了市场竞争逻辑，使人与人之间的沟通与理解、信任与共享逐渐消解，以自我为中心的个人竞争主义盛行，团队合作意识逐渐淡化，科研人员团结合作的行为机制被打破，影响了大科学时代的科技发展。

(三)评价指标体系欠合理

科研工作有自身的规律，科研成果表现形式多种多样，科研人员的能力素质通过不同的途径体现出来，因此，全面、准确、公正地评价科研人员，对评价指标体系设置提出了相当高的要求。科研事业单位在提升考核评价指标科学性方面还有大量的工作要做。比如，考核指标强化了短期行为。科研工作是脑力劳动，科研成果的显现需要一定的时间，尤其是重大科研项目难度大，开发周期长，成果的取得需要很长的时间，但目前考核评价特别是例行考核以完成科研任务为导向，关注短期指标，过于急于求成。比如，指标权重难以服众。以论文成果和专利成果为例，如果一个科研机构专利的产出是短板，该机构就会提高专利占有的考核分数；如果SCI论文产出显弱势，该机构就会加大SCI论文的考核分数。其实，不同学科之间、研究领域之间差别很大，有的学科、领域的成果适合发表论文，有的学科、领域的成果适合申报专利。至于1篇论文和1项专利哪个工作量更大，哪个对社会经济发展的影响力更大，却没有很好的办法衡量，权重设定的随意性较强。比如，指标设定与单位定位脱节。部分应用型研究的科研机构的考核评价指标简单向高校、基础研究部门看齐，没有体现应用型研究的特点；再比如，对科研项目的考核一般以立项为准，但科研真正重要的是研究的过程和结果，立项仅表明项目设计的成功，并不代表一定能很好地完成研究工作，因此对结项的考核才是更重要的。另外，在调查中我们了解到，在不少科研机构职称评审中都存在“大小年”现象，有些科研人员在高水平人才云集的“大年”可能通不过考核，但隔一两年抓住“小年”的机会也能晋升。如何平衡“大小年”的问题，也是一个亟须解决的问题。事实上，相当部分的科研事业单位考核评价标准年年都在变，甚至存在因人调整标准的现象。

（四）行政化倾向未能根本扭转

长期以来，科研事业单位对科研人员的考核评价均在事业单位管理框架下进行，受到相对严格的人事、经费和编制管理约束。尽管我国事业单位改革步伐不断加快，在薪资分配、岗位设置、成果处置等方面逐步扩大了单位的自主权，但对科研人员考核评价的行政化色彩仍然较浓。调研中发现，一些单位在职称评审时，行政力量对科研人员的学术评价干预过多，往往行政级别越高，话语权越大，考核评价中存在“权力崇拜”现象。总的来看，在考核评价中，评价目标、评价标准（国家标准及省标准）的确定及评价的具体实施都由行政主管部门或科研机构的科研管理或组织人事等部门掌控，比如年度评优评先的比例限制、职称评审中的岗位比例限制等。这些部门通过客观化技术控制的过程将科研人员的工作表现分解为可观察的指标，并依此对其进行考察、排序、问责和奖惩，作为评价对象的科研人员只需被动配合，缺乏有效的反馈、申诉途径。这种行政主导的评价模式体现了管理、控制的本质，一定程度上是对科研人员群体的约束限制，忽略了科研人员作为学术组织中学术人的独特性，使科研人员只能在特定的制度场域中被动地遵从制度化的势力。

（五）分类评价进展慢

不同学科领域特点不一，不同学科领域研究方法和研究周期亦不相同，科研条件千差万别，由此导致科研工作的结果可能完全不同。因此，对科研人员的工作状况实行分类评价是大势所趋。由于学科门类、科研项目多种多样，湖南省科研事业单位科研人员分类评价改革进程仍然缓慢。调研中了解到，有些自然科学类研究机构对科研、技术服务、成果转化、试验检测等岗位进行了区分，但在具体操作中，成果考核仍然集中在论文、专利、获奖、新品种、鉴定等有显示度、能定量的成果上，分类评价缺乏有效的实现手段。在人文社科类研究机构，目前还未能找到平衡基础研究和应用研究的评价办法，大部分还在采用同一个衡量尺度，缺乏应有的弹性，最终的评价结果也因此欠缺应有的客观性、公正性和科学性。

三、深入推进科研事业单位人才评价制度改革的对策建议

中央人才工作会议强调，要建立以创新能力、质量、实效、贡献为导向的人才评价体系。进一步深化湖南省科研事业单位科研人员评价制度改革，既要有打破藩篱的勇气，又需要破除弊端的智慧，实现人才评价以论文、项目、奖励数量等评价为主向以实际创新质量、水平、贡献及发展前景为主的转变，从比较关注短平快的形式化评价向更加注重实践检验和历史性评价的转变。

（一）确立发展性评价理念

科研人员一般具有较强的自主意识与成就意识。考核评价应该不仅是对科研人员的科研工作现实的价值做出全面、客观、公正判断的过程，还要保护其自主意识和成就意识，对其科研活动的潜在价值以及未来需要努力的方向作出指引，以激发科研人员的科研热情，促进科研人员与科研机构的共同发展。因此，评价的目的在于促进科研人员发展，而不是单纯的奖惩或者晋升。推进科研事业单位科研人员考核评价制度改革，首先要确立发展性评价理念，规避目前考核评价重结果轻过程、重当前绩效轻发展潜力的弊端，充分发挥考核评价的导向作用，体现考核评价的科研绩效改进目的，引导科研人员自我发展与自我提升，促进科研人员自身潜能得到充分挖掘。当前，在绩效考核、职称评审、人才称号等评价中，应逐步取消名额限制，只要科研人员达到既定的标准，符合设定的程序，满足相应的要求，就能够得到奖励，得到晋级晋升，以增强科研人员自我发展的内在动机。

（二）强化分类评价

随着社会经济的不断发展，科研事业单位分化日益严重，部分单位专业性越来越强，而有些单位向多目标、多任务组织转型的趋势也越来越明显，日益成为一个人员众多、专业领域广泛、结构复杂的组织体系。与此相应，科研人员专业化程度越来越

高，类型、层次越来越多样化，而不同专业领域、不同类型、不同层次的科研人员岗位不同，职责不同，承担的任务不同，科研产出的形式也不同，科研人员不再是高度均衡的、单一的、同质化的学术群体，而是逐步发展成为不均衡的、多元的、异质化的职业群体。评价本质上是一种比较活动，涉及科研人员之间的比较、科研人员属性与评价标准之间的比较。应适应科研人员多样性的需要，坚持“同类比较”原则，以职业属性和岗位要求为基础，对应自然科学研究、社会科学研究、基础理论研究、工程技术及应用研究等，根据不同的学科性质和研究目的建立分类评价标准，防止“一刀切”，鼓励科研人员在不同领域、不同岗位做出贡献、追求卓越，努力提高评价的针对性和精准性。

（三）优化评价指标体系

指标体系是人才评价制度的核心内容，是决定评价结果客观公正性的关键因素。深化科研人员评价制度改革，优化指标体系是重中之重。要科学设置评价标准，坚持德才兼备，突出品德评价，把品德作为人才评价的首要内容，加强科研人员科学精神、职业道德、从业操守、科研诚信等要素的评价考核。坚持凭创新价值、能力、实绩、贡献评价人才，克服唯论文、唯职称、唯学历、唯奖项、唯“帽子”等倾向，在发挥考核评价“事实认识”功能的同时，突出考核评价中的“价值认识”，注重考察科研人员的专业性、创新性，以及履责绩效、创新价值、实际贡献，把学科领域活跃度和影响力、重要学术组织或期刊任职、研发成果原创性、成果转化效益、科技服务满意度等作为重要评价指标，改变主要关注科研成果直接的、近期的、显性的价值，忽视间接的、长远的、隐性的价值的倾向。要尊重科研产出的多样性，既要对一般的、通常的评价指标进行细化，又要对特殊的、罕有的标准予以照应，并采用更广泛的影响测度方法，准确测量科研成果对政策和社会实际的影响等。要灵活采用定性与定量指标，并根据评价目的的不同，赋予各层次指标不同的权重，要平衡不同类型科研人员评价标准，防止某类科研人员评价标准畸高畸低，导致评价结果不公平不公正。

（四）推行同行专家评价

对科研人员进行评价，往往需要深入某学科细分领域对其科研能力水平进行考核。由于科学研究专业性强，非同行专家难以把握，为了避免出错和误判，评价中有必要加大同行专家评议的力度。而在影响评价的诸多因素中，同行专家也是最活跃、最主动的因素，对评价结果起着至关重要的作用。其实，科研人员评价究竟是以同行专家评价为主还是以论文数量评价为主，一直是一个存在争议的问题。2012 年学术期刊的编辑和出版者在反思科研评价存在的问题之后，发表了“旧金山宣言”，呼吁停止使用期刊影响因子等期刊计量指标来评价研究论文和学者个体的贡献，主张同行评价是科研成果评价最主要的方式。加强科研人员评价结果的学术权威性，要进一步强化评价中的同行专家的作用，建立起以专家同行评价为主、量化评价为辅的评价模式。目前科研事业单位在科研人员职称评审中，普遍采用了专家评议制度，但是不是真正的"同行专家评议"，则要打上大大的问号。在绩效考核、荣誉称号、人才计划等人选的推荐评价等工作中，专家评议还比较少见，更不用说"同行专家"了。目前，尤其是要杜绝以论文载体代评的不合理做法，还科研人员评价以本来面目。

（五）完善代表作评价制度

2017 年中共中央办公厅、国务院办公厅《关于深化职称制度改革的意见》指出，要"推行代表作制度，重点考察研究成果和创作作品质量，淡化论文数量要求"。深化科研人员评价制度改革，要树立质量导向，把考核重心放在科研成果的质量上，彻底扭转重数量轻质量的倾向。目前，重点是要完善推行科研人员代表作评价制度，将研发成果原创性、创新性，以及创新成果的转化效益摆在考核评价的核心位置。诚然，当前的人才评价特别是职称评审中也有代表作审读环节，但评委们往往先入为主，更看重作品的外部特征，即作品刊发载体的等级、学术荣誉和专业性，作品被引数量、被转摘和收录情况、获奖或被批示情况等，却忽略了真正代表其价值的内部特征，即其选题、研究的视角和架构、方法、理论水平、学术价值和学术伦理等。其实，现在高等级期刊论文发表的要求都很高，某些刊物坚持要求作者按其意见修改，而经过反复修改刊发出的论文，体现的往往不再是作者本意而是刊物甚至编辑的想法，并不能反映作者的真正水平，出现"代表作不具有代表性"的现象。要进一步强化人才评价中的代表作审读环节，从看重所发表论文的期刊国别、影响因子和期刊等级等向看重论文本身的学术性、创新性和价值转变。

（六）合理设定考核评价周期

科研人员的劳动具有连续性、复杂性、创造性及个体自主性特点，科研成果的产生需要积淀，甚至需要相当长时间的探索、实验、总结方能产生，在时间上具有滞后性，这决定了对科研人员的考核评价不能急功近利，不能搞"短平快"。目前几乎所有科研事业单位都实行年度考核，个别单位再辅之以 2~3 年为周期的考核。较短的考核周期固然有利于及时发现问题、改进工作，但也容易助长科研人员的短期行为。调查中不少科研单位和科研人员反映，短周期的考核评价迫使科研人员在发论文、写课题、找资源等方面疲于应付，挤压了科研人员埋首科研的时间和精力。要尊重科研工作的规律和科研人员劳动的特点，合理设置评价周期，对承担时效性要求较高、面向市场的应用性研究项目的科研人员，可以设置相对较短的考核周期，而对承担研究周期较长的项目的科研人员，特别是基础研究科研人员，可以设置一或两年一小考，五年一大考的考核周期，增强考核评价的准确性。

（七）防止行政滥权

人才能力水平如何，用人单位最清楚、同事最了解、同行最有发言权。人才评价，就其本质而言是一个学术行为。要坚决防止科研人员考核评价中的行政滥权，让学术的事情归学术。要发挥学术民主，在确定评价指标、评价程序、评价标准等的过程中充分尊重科研人员的意见，体现科研人员的共同意志。要保证评价制度的相对稳定性和长期性，杜绝每年一套标准的现象，特别是防止因领导意见和个别偏好而随意设置和改变评价标准的现象。要规范评价过程，强化学术委员会甚至科研人员大会的职能，发挥学术共同体的作用，让评价在阳光下进行，让行政权力受到约束。

湖南省中小学校科技创新教育师资状况研究

李柏春 颜优华 秦银银 田春忆①

科技创新教育是培养科学技术人才的教育。中小学校科技创新教育以中小学生为主体，以学校教育为主阵地，以自然科学学科教育为主要内容，以培养学生的科学观念、科学态度、科学思维以及科学实践能力为主要目标，使中小学生掌握自然科学的基本知识和基本技能，以期把青少年培养成为祖国的创新型人才。科技创新教育的主导力量是教师，培养科技创新人才，科技创新教育的师资力量至关重要。为此，我们通过现场走访、调查问卷、数据收集整理等形式，对我省中小学校科技创新教育师资队伍建设情况进行调研分析，提出相关意见建议。

一、科技创新教育是科技创新人才培养的重要基石

（一）科技创新教育是科技创新人才培养的根本保障

坚持创新在我国现代化建设全局中的核心地位，把科技自立自强作为国家发展的战略支撑，深入实施科教兴国战略、人才强国战略、创新驱动发展战略，完善国家创新体系，加快建设科技强国，是党中央作出的重大战略部署。习近平总书记高度重视科技创新教育：在“科技三会”上强调指出，实现高水平科技自立自强归根结底是要培养高水平创新人才；在科学家座谈会上着重指出，对科学兴趣的引导和培养要从娃娃抓起。习近平总书记在湘考察时，勉励湖南打造具有核心竞争力的科技创新高地。中国

① 李柏春，湖南省科学技术信息研究所编辑，主要研究方向为科技出版、创新教育及科学传播；颜优华，湖南省科学技术信息研究所编辑，主要研究方向为科技出版及创新教育；秦银银，湖南省科学技术信息研究所编辑，主要研究方向为科技出版及创新教育；田春忆，湖南省科学技术信息研究所编辑，主要研究方向为科技出版及创新教育。

共产党湖南省第十二次代表大会确立了“三高四新”战略定位和使命任务，要实现这一目标任务，人才是基础。从战略发展角度看，科技创新后备人才培养是创新型省份建设、打造具有核心竞争力的科技创新高地的重要基石，科技创新教育是科技创新人才培养的根本保障。

（二）科技创新教育关键在于具备强大的师资力量

科技创新人才作为科技强国的基础，其培养需要构建从小学到大学的贯穿式的创新教育体系，特别是要注重中小学生创新意识、创新思维、创新品格和创新能力的培养。在以中小学校为主阵地的科技创新教育中，教师是直接组织者和实施者，对青少年科学启蒙和创新能力培养起着关键作用。所以，推进科技创新教育，关键在于壮大创新教育师资力量。

（三）科技创新教育具有夯实基础筑牢基石成就基业的重要作用

中小学校科技创新教育以培养提高青少年创新核心素养为目标，激发中小学生的好奇心、想象力，鼓励学生勇于探索、大胆实践。所以，从长远发展看，加强科技创新教育，是提高青少年科学素质，保障“科教兴国”战略顺利实施及建设科技强省的战略性工程，是为现代化新湖南建设提供强有力的人才支撑。培养科技创新人才，必须推进青少年科技创新教育发展，而推进青少年科技创新教育发展，就必须加强中小学科技创新教师队伍建设。加强我省科技创新教育师资力量建设，对于我省科技创新人才培养具有夯实基础、筑牢基石、成就基业的重要作用。

二、科技创新教师缺口大、素质参差不齐是普遍问题

自 20 世纪 80 年代初创造学和创造教育被引进以来，我国的科技创新教师队伍不断发展。整体来看，湖南省科技创新教师队伍在全国范围内处于中间偏上水平。全省以科技创新为主要特色的学校占比在全国排名靠前，出现了长郡芙蓉中学、长郡中学、宁乡市双江口中学、会同县第三中学、宜章县第一中学、浏阳市柏加中学、常德市芷兰实验学校、汨罗市第一中学、平江县第一中学、长沙市沙湖桥小学、长沙雅礼书院中学等科技创新教育名校，涌现了陈水章、肖宗文、彭世文、张从军、朱朝义、张永强、廖剑强、韩志红、赵海洋、张才友等一批科技创新教育名师。一些科技创新教师还依托学校资源，建立了市级或县级科技创新教育名师工作室。历年来，湖南省在全国青少年科技创新大赛、宋庆龄少年儿童发明奖、“明天小小科学家”、全国发明展等科技创新类赛事中获奖数量均居全国前列。

尽管取得了一定发展和成绩，但我省科技创新教师队伍的建设仍存在一些问题。

(一) 科技创新教师缺口很大

中国发明协会中小学创造教育分会会长谭迪熬曾指出，各中小学科技创新教师数量太少是目前创新教育一个比较现实的问题。湖南省内科技创新教师缺口很大。湖南省科协青少年科技中心做过一项有关宁乡市科技创新教师队伍建设调查，调查数据显示，2018 年，宁乡市在校中小学生 143504 人，而科技创新教师(包括专职和兼职)仅有 310 人，学生与科技创新教师比例为 463 : 1，而学生与女科技创新教师比例更是高达 34107 : 1。

(二) 教师队伍素质参差不齐

目前，文科教师在科技创新教师队伍中占有一定的比例，其思维方式、科学认知能力与理工科教师相比，存在较大差异。同样，理科背景的科技创新教师个体间也存在一定的差异。因为师范院校没有科技创新教育专业，师范生没有经过专业化、系统化的科技创新教育学习，加上学习资源不够丰富、缺少政策倾斜、缺乏激励手段等因素，科技创新教师自我学习的热情不高，导致科技创新教师队伍素质整体上参差不齐，区域间差距也较大。

(三) 教师角色矛盾突出

一是专职与兼职之间的矛盾。调查结果显示，80%以上的科技创新教师都是兼职工作，他们在教授本课程内容的同时，肩负着物理、化学、生物、科学、信息技术或综合课程等其他学科的教学任务，不仅工作压力大，而且收入普遍较低。双重角色间的相互牵制不仅增加了科技创新教师的工作和心理负担，还抑制了科技创新活动质量的提升。此外，有近 50%的受访者认为自身缺乏科技特长，66%的教师赞成学校应积极引入有科技特长的非学科类教师。这些数据表明，科技创新教师并非任何学科教师都能胜任，必须具备一定的科技创新专长。

二是专职教师与复合型要求之间的矛盾。在大多数中小学校，科技创新教师来源单一，学校主要对现有学科教师按兴趣、学科背景进行分类后，再从中选择人员兼职从事科技创新教育。然而，这种情况下形成的科技创新教师队伍尽管具备一定的专业能力，但科技创新素养相对较低，缺乏跨学科综合知识和复合能力。

(四) 教师年龄结构不合理

在湖南省现有的科技创新教师队伍中，中老年教师较多、年轻教师较少，教师队伍青黄不接的现象较突出。教师要想取得成绩，除了自身必须具备扎实的基本功外，还需要有学校的大力支持、家长的全力配合以及自己长时间的付出。“高投入、低产出”是制约科技创新教师队伍发展的原因之一，年轻教师在科技创新队伍中流失现象较严重，则进一步造成科技创新教师队伍年龄结构的不合理。

(五)教师培训缺乏系统性

针对科技创新教师的培训，教育部门组织得非常少，目前主要靠科协、青少年科技教育协会(科技辅导员协会)、发明协会、创造学会等行业组织，以及如《发明与创新》杂志社这一类的科普传媒机构来组织科技创新教师培训。因为跨部门，培训组织难度非常大，组织结构和培训内容都缺乏系统性。一些地方甚至对非教育部门组织的培训活动不认可。其他机构组织的科技创新教育的培训，由于一些学校不重视，不少科技创新教师不得不自费参加。

从组织结构来看，科技创新教师培训缺乏梯度。科技创新教师培训模式、途径较单一，且大多集中于市(县)青少年科普协会组织的培训，高年级科技创新教师所需要的机器人编程教育、创客教育等高端项目培训难以得到满足。此外，几乎没有中小学校设立专项经费为科技创新教师外请专家进行校本培训，不同层次的学校之间、同校不同层次的科技创新教师之间的培训大都“一锅炖”，缺乏梯度。

从培训内容来看，对科技创新教师的培训缺乏针对性，对其所能起到的指导作用有限。培训组织机构与科技创新教师之间的沟通渠道不够通畅，导致培训内容与教师的需求不匹配，无法有针对性地解决科技创新教师在实际工作中遇到的问题。

三、科技创新教师边缘化成为制约创新教育发展的根本原因

湖南省科技创新教师存在缺口大、整体素质参差不齐、缺乏系统化培训等普遍问题，其根本原因就是创新教育不被重视，进而导致科技创新教师在学校被边缘化，这已经成为制约创新教育发展的重要因素。

(一)缺乏对科技创新教育的重视

虽然在教育部的规划中，科技创新教育都占有一席之地，对各中小学校的考核也包括科技创新教育工作内容，但目前的现实情况是，社会对一所学校的评价主要是由中考、高考成绩决定，这种思想和观念根深蒂固。一些以科技创新教育为特色的学校虽然也取得了一定的成绩，但社会认可度依然不高。大多数中小学校以学科成绩为核心，把主要精力放到学科教学上，对科技创新教育缺乏政策上的支撑，科技创新教育

不被重视。

(二)缺乏对科技创新教师的认同

一些中小学校的科技创新教师由劳动技术课、通用技术课的教师担任，相比语、数、外等“主课”，这些课程不被重视。科技创新教师从学校、家长、学生那里收获的认同感较低，工作开展较困难，在学校被边缘化。有些中小学校的科技创新教师虽然会由化学、物理等老师兼任，但依然难以得到社会和学校的认可。在调查过程中，众多活跃在一线的科技创新教师都表示，他们都有过一段“孤军奋战”的时期，在不被外界理解的情况下，他们大都凭着自己的一腔热情坚持科技创新教育。

对科技创新教师的“不重视”主要表现在：没有为科技创新教师定岗定编；未建立专门针对科技创新教师人才引入的特有机制(教育行政部门只对各校要求引入的教师整体予以审核、注册，而针对科技创新教育人才的引进缺乏关注)；尚未建立专门针对科技创新教师培训的评价体系；科技创新教育经费投入不足，针对科技创新教师培训的软、硬件设施建设不够；等等。

(三)缺乏对科技创新教师的客观综合评价

2017年，中国科协青少年科技中心和中国青少年科技辅导协会发布了青少年科技辅导员专业标准。2018年，中国青少年科技辅导员协会发布了青少年科技辅导员专业水平认证办法，截至2020年12月，已在北京市、天津市、江苏省、湖南省、海南省、内蒙古自治区、广西壮族自治区等12个省(区、市)进行试点认证，但尚未在全国全面推行，很多科技创新教育一线教师并不了解此项认证工作。重要的是在试点省份，这项对科技辅导员的认证并未得到教育等部门的认可，获得科技辅导员高级认证的老师，并不能享受中学高级教师职称的待遇。中小学教师职称系列中，也没有科技创新学科专业，职称评聘时很多老师只能申报物理、化学、生物、信息技术等各类传统学科专业，这也间接导致了很多学校的科技创新教师只能由其他学科的教师兼任，没有科技创新教师的专业成长通道，更没法对科技创新教师进行专业、客观、综合的评价。

另外，对科技创新教师的工作评价仍存在“重结果、轻过程”的现象。调查结果显示，85%以上的中小学校把科技创新教师指导学生的成绩(尤其是获奖数量)作为对其工作评价的首选指标和主要指标，甚至在对指导学生获奖成绩的认定中还排除非教育行政部门参与组织的评奖活动。虽然有些学校也已把学生的反馈和科普活动组织情况作为评价科技创新教师工作的指标，但占比极低，且缺乏具体的评价标准。

四、设立科技创新教育专项，加大师资培养的扶持力度

习近平总书记曾在全国科技创新大会、两院院士大会、中国科协第九次全国代表大会上指出，科技创新、科学普及是实现创新发展的两翼，要把科学普及放在与科技创新同等重要的位置。在中小学校全面推进科技创新教育，是推进科学普及工作的重要任务之一。

2020 年 12 月 2 日，中共湖南省第十一届委员会第十二次全会通过的《中共湖南省委关于制定湖南省国民经济和社会发展第十四个五年规划和二〇三五年远景目标的建议》指出，“坚持创新引领，打造具有核心竞争力的科技创新高地”，“推进人才分类评价改革，健全以创新能力、质量、实效、贡献为导向的科技人才评价体系”，“做好科普工作，提升公民科学素养和创新意识”。

各级行政管理部门和社会各界应以落实国家创新驱动发展战略和湖南实施“三高四新”战略定位和使命任务的政治自觉，把中小学科技创新教育作为推进素质教育、培养创新人才的长期任务来抓，把增强创新教育师资力量作为培养创新人才的根本保障来抓。科技部门可以会同教育部门、科协在创新型省份建设项目资金中，增设科技创新教育专项，发起“科创教师培育工程”计划，加大对科技创新教师培养的扶持力度。

（一）增设科技创新教育学科专业

一是在科技项目申报中增设科技创新教育专项和学科专业。以项目推动科技创新教育在中小学校的实施，调动科技创新教师工作的主动性和积极性，推动教育部门和学校对科技创新教育的重视和支持力度。

二是与教育部门联合整体优化中小学校课程设置，将科技创新教育纳入中小学国家课程方案，在中小学设置专职科技创新教师岗位，在教师职称系列中设置科技创新学科专业，建立科技创新教师资格证书制度，开拓科技创新教师专业化成长空间。

三是在师范类高校设立科技创新教育专业，拓宽科技创新教师的来源渠道，解决科技创新教师非专业化问题，构建科技创新教师专业化培养体系。同时在职业院校、普通高校设立科技创新教育人才培养方案，形成具有综合性、实践性、开放性、针对性的科技创新教育课程体系。

（二）实施“科技教师特派”制度

为弥补中小学校特别是农村学校科技创新教师缺口大、专业素质不高等问题，借鉴科技特派员制度，科技与教育部门实施“科技教师特派”制度，或者在科技特派员制

度的实施中，增加科技创新教育内容。设立专项基金，鼓励科学家、科技工作者、企业科研人员、优秀科技创新教师等深入市、县、乡镇基层学校，兼职从事科技创新教育，并形成省、市、县、乡四级科技教师特派员体系。

(三)鼓励中小学校设立科普基地

目前，科普基地的设立主要集中在高校、企业、科研单位、公益性开放场所等，可以向中小学倾斜，鼓励中小学校在科技创新教育方面依托自身优势，形成自身特色，注重普及，申请省级科普基地。加大对科普基地的支持力度，以学校科普工作推动学校科技创新教育，以基地建设和科普专项经费推动学校对科技创新教育的关注度和重视度，从而提高科技创新教师工作的热情。

另外，也可以试点“科技创新教育基地”项目建设，联合教育部门共同遴选挂牌，明确建设要求、任务和实施方案，给予经费和政策支持，建设一批科技创新教育示范学校。

(四)实施创新教育综合评价

为推动全社会对创新教育的关注，推进素质教育的实施，引导树立正确的人才观，助推教育部门和学校对创新教育的重视，在科技创新教育专项中可以设立创新教育综合评价子项，进行区域(分市州、县市区)创新教育评价、学校创新教育评价、以及青少年创造力评价。创新教育综合评价的实施对解决目前教育领域存在的诸多问题也可以起到一定的积极作用。

(五)强化创新教育师资培训

一是在“科创教师培育工程”计划中推进科技创新教育名师工作室建设。目前，在长沙市设有科技创新名师工作室，对长沙科技创新教育发挥了重大作用。这种做法可以在全省推广，鼓励优秀的科技创新教师成立名师工作室，逐步实现以点带面、全面提升。

二是教育部门要鼓励并认可有专业能力的社会机构开展科技创新教育师资培训，并协助学校以“课后三点半”的形式开展中小学生科技创新教育工作，推动培训跨部门、跨区域组织的培训，鼓励有资质的行业学会、协会、专业机构组织科技创新教师业务培训，多渠道、多形式培养科技创新教师和科技创新后备人才。科技、教育部门可以对培训组织单位提前进行审核认定，对专业机构组织的培训应计入教师继续教育学分，提高教师参与培训的积极性。结合各区域科技创新教育发展实际，制订适合本区域科技创新教师专业培训的标准体系，组织编写统一的培训教材或者审定专业机构编写的培训教材并推荐给中小学校使用。

（六）构建科技创新教育信息化服务平台

整合科技、教育、科协资源，发挥科技创新教育专业媒体资源优势，构建科学传播、科学普及、科技创新教育一体化综合服务平台。在“科技云”平台的建设中要强化青少年科创教育资源建设和科普传播，助力青少年科技创新教育和全民科学素质提升，为培养高水平科技创新人才发挥基础性作用。

总之，青少年科学素养水平将直接影响国家未来人才的培养，创新人才的培养将直接影响创新型强国的建设，在中小学校开展科技创新教育是一项具有战略意义的系统工程。如何抓住机遇，加强湖南省科技创新教师队伍建设，推进湖南创新教育发展是关系到湖南省教育改革和创新型湖南建设，打造具有核心竞争力的科技创新高地的重大问题，科技、教育行政部门和各级各类学校以及社会各界都应予以高度重视。

第五部分

平台篇

湖南省发展壮大战略科技力量的基础、问题与对策建议

彭富国 张小菁 章国亮 甘甜[①]

习近平总书记指出，要善于从战略上看问题、想问题，多次强调发展壮大国家战略科技力量。国家“十四五”规划、近几年中央经济工作会议，都把强化国家战略科技力量作为核心关键。战略科技力量，是满足国家及我省战略需求的科研力量，是能够自觉履行高水平科技自立自强使命担当的创新主体和载体。我省发展壮大战略科技力量，是全面落实“三高四新”战略定位和使命任务、加快建设现代化新湖南的重要抓手，推动高质量发展的客观要求，把握新一轮科技革命与产业变革机遇的必然选择。

一、湖南省发展壮大战略科技力量的坚实基础

（一）区域条件

科技创新高地建设富有成效，全域创新格局初步形成。创新型省份建设，国家自主创新示范区、国家可持续发展议程创新示范区、国家级高新区、农业科技园区、创新型城市、创新型县市建设等加快推进，长株潭自主创新具有核心优势。2021 年，全省拥有国家级科技创新平台近 100 家，在湘两院院士 42 人、国家级高层次人才 527 人，“双一流”高校 3 所，A 类学科 25 个（居全国第 10 位）、A+学科 7 个（居全国第 6 位），创新资源居中部前列，“三超”“三深”等关键核心技术领跑世界，构建了支撑“3+3+2”产业发展的技术创新体系。

---

① 彭富国，湖南省委党校教授，主要研究方向为科技发展战略；张小菁，湖南省科学技术信息研究所所长、研究员，主要研究方向为科技战略与政策；章国亮，湖南省科学技术信息研究所助理研究员，主要研究方向为产业竞争情报；甘甜，湖南省科学技术信息研究所副研究员，主要研究方向为科技战略与政策。

(二)学科优势

工程与材料科学、信息科学、种业科学等基础研究实力强。工程与材料科学:冶金、矿产资源利用、新材料等基础研究国际领先。拥有国家重点实验室10家,国家工程技术中心9家,“双一流”学科5个,国家重点学科34个,两院院士15人,国家杰青、优青人才52人,每年争取国家自然科学基金超300项。信息科学:超级计算机、自主可控计算机、新一代存储等研究全国领先。拥有国家重点实验室5家,“双一流”学科3个,国家重点学科13个,两院院士11人,国家杰青、优青人才36人,每年争取国家自然科学基金达200项。种业科学:杂交水稻、超级稻、耐盐碱水稻研究国际领先。拥有国家级创新平台15个,在湘院士8人,水稻、油菜、油茶、辣椒、生猪、淡水鱼类等技术优势突出。

(三)产业技术

先进制造、电子信息、生物医药等领域优势明显。先进制造领域:工程机械、轨道交通、航空航天及深海深空深地等方面具抢占制高点优势。工程机械,拥有国家级科技创新平台11家,多项技术达世界顶尖水平;轨道交通,电力机车研发、制造世界第一,城轨车辆领跑国内市场;航空航天,是全国中小型航空发动机、飞机起落架、机轮刹车研制基地。电子信息领域:高性能计算、自主可控、集成电路等亮点纷呈。先进计算技术:超级计算机实现从“并跑”到“领跑”的转变;自主可控安全技术,长城计算机形成完整自主可控产业体系;集成电路产业,北斗芯片、GPU芯片、IGBT芯片等打破国际技术垄断。生物医药领域:生物育种、临床医学、中医药等创新力量强。生物育种,杂交水稻技术水平国际领先,水稻、油菜、生猪、茶叶、辣椒等研发引领全国,岳麓实验室建设加快推进;临床医学,拥有国家临床医学研究中心3家(居全国第3位),临床医学、遗传与代谢、精神病学、肿瘤学、重大疾病诊疗等基础扎实;中医药,拥有中药资源4123种(居全国第2位),九芝堂、千金、古汉等企业影响力大。

二、湖南省发展壮大战略科技力量的短板问题

一是创新主体和创新载体建设不足。以国家实验室、国家重大科技基础设施为核心的战略性创新平台缺乏,“零的突破”刻不容缓。我省有国家重点实验室19家,在全国占比仅为3.65%,存在人才规模较小、稳定支持不够、管理体制机制不顺、与产业链对接不够紧密等问题,体系化重组改革时间紧、任务重。长株潭国家区域科技创新中心建设布局刻不容缓,“三区两山三中心”的创新联动需要进一步发力,科技大数据平

台急需筹建。战略型科学家人才队伍不足，引进与培养需要抓紧时机、积极谋划，发挥在湘两院院士作用。

二是原始创新的基础研究投入不足。我省科技研发投入加快增长，研发经费投入强度已达2.15%，但与全国平均水平(2.40%)还有一定差距，与湖北、安徽等中部省份相比也显不足。我省基础研究占研发经费内部支出的比重为3.84%，与全国占6%的水平相比差距较大；企业基础研究投入的经费仅占0.57%，与全国占3.80%相比差距明显。基础研究投入滞后，导致原始创新和颠覆性创新相对不足，特别是重点领域如制造业、信创产业等，缺乏原创引领的成果支撑融合发展与创新升级，企业难以成为持续性创新的领先者。

三是产学研用贯通衔接协同不足。整体性、系统性研发能力低，传统制造业、高技术产业和战略性新兴产业在关键设备、关键零配件、关键原材料等方面，产业链面临"卡脖子"的情况。应用开发研究经费占研发经费总支出比重低，企业处于跟踪式创新阶段，实施前沿性、探索式的自主性创新不足，转化衔接表现欠佳。高校、科研院所和企业共建的新型研发机构、创新联合体发展滞后。相比广东、江苏、浙江、山东等省，体量较小、起步较晚，跨领域、深层次、可持续的资源共享与协作，以及全链条融合创新、多要素协同配合、全方位开放共享的创新体系不够完善，科技金融市场体量、技术交易规模和技术服务能力等与发达地区比有不小的差距。

三、湖南省发展壮大战略科技力量的对策建议

(一)强化战略科技力量"基本盘"：把发挥工程与材料科学、信息科学、种业科学、医学科学、数理科学等学科领域的特色优势作为基础研究与应用基础研究的主阵地，前沿引领技术与关键核心技术的诞生地，使其成为重大创新平台的重要集聚地

发挥在湘高水平高校主力军作用。发挥国防科技大学、中南大学、湖南大学等综合性大学和我省高校资源丰富的优势，建设世界一流大学，聚焦聚力做强特色学科，推动数学、物理、化学等基础学科和数字经济、生物医药、新材料等学科的建设，构建前沿技术领域人才培养体系，深化学科交叉融合和产学研一体化发展。引进和支持国内外研究型大学和领先科研机构在湘设立创新载体，鼓励高校、科研院所与龙头企业共建创新联合体，协同推进拔尖创新人才培养、关键技术攻关和重大科技成果转化。

建设在湘世界一流新型研发机构。引导支持中国科学院、中国工程院、清华大学、北京大学和中信集团、中电集团、中冶集团等国内外高校、科研机构、行业龙头企业汇

聚高端创新资源，在湘建立大数据、人工智能、新型材料、干细胞治疗等行业细分领域具备国际领先水平的新型科研组织。围绕集成电路、智能计算、智能制造、新材料、新药开发与检测、环境科学等领域，成建制、成体系引进和建设高水平创新研究院，提升技术集成、成果熟化与应用示范能力。支持国际杂交水稻研究中心、中科院亚热带所、省农科院、省林科院等科研院所深化体制机制创新，组建国际顶尖研发平台和创新团队。

（二）抓牢战略科技力量“压舱石”：把建好国家实验室和重大科学基础设施、重组优化国家重点实验室作为原始创新与颠覆性创新的“尖刀连”，吸引、汇聚国内外顶尖科学家和访问学者的突破口，使其成为前瞻性、原始性创新的重要策源地

加快在湘国家实验室建设。重点在粮食和重要食品安全、工程与材料科学、信息科技、生物医药、航天科技、生态环保等重大领域，建立完善“依托”“共建”机制，培育顶尖研发机构和一流研究团队。岳麓实验室建设坚持“一室一策”，紧密对接国家战略布局，建立从基础研究到产业应用全链条贯通式新型科研组织，体现三大优势：资源优势，建设粮食和重要食品种质资源库；任务优势，有前瞻性引领性使命任务和战略性前沿性重大创新成果；集成优势，形成跨学科协同的科研团队和科研基础设施。

加快在湘国家重点实验室体系化发展。以提升科研组织化、体系化能力为抓手，引导国家重点实验室在湘优化布局，打造国家重点实验室长株潭“升级版”。探索组建联合实验室和实验室联盟，聚焦研究特色优势、功能使命、学术前沿，构建由国家重点实验室、省重点实验室等组成的新型实验室体系，建设高水平国家应用数学中心、国家临床医学研究中心和国家基础科学中心。

加快在湘重大科技基础设施建设布局。聚焦信息、生物、工程、材料、能源、海洋等重点领域，布局原始创新策源的重大科技基础设施，加快国家超级计算中心、粮食和重要食品种质资源库、科技创新数据资源中心、野外科学观测研究站等新型基础设施建设，构建高校、科研院所、企业等各类主体参与的多元协同创新网络，实现原始创新、人才引进和培养的有机结合、良性互动。

（三）组建战略科技力量“集团军”：把发展壮大粮食和重要食品、轨道交通、工程机械、航空发动机等领域的领军企业作为产业共性技术与关键核心技术攻关的主战场，政产学研用贯通与创新联合体建设的牵引者，使其成为科技成果转化的重要承接地

培育重点产业科技领军企业。发展壮大中车株机和中车株洲所、中国航发、中国铁建、中信集团、中联重科、三一集团和山河智能等在湘科技领军企业优势，培育10余家面向科技前沿领域、面向重大战略需求，具有原始创新能力的创新型领军企业，“揭榜挂帅”开展底层技术、关键材料、核心部件、重大产品等科技创新，带领中小企业共建创新联合体，推动项目、资金、人才、基地一体化配置，形成跨领域、大协作、高强度和纵深交叉的创新基地。

加快区域科技创新中心建设。在智能设计与数控、集成制造、绿色建造、海工装备、疾病防治、重要食品等优势特色领域，争建国家级技术创新中心、产业创新中心、制造业创新中心等，探索科研组织、成果转化、人才聚集新机制，推动技术创新中心与重点实验室联动发展，加快建设产业技术研究院，争取国家区域技术创新中心在湘布局。

打造政产学研用新型贯通体系。支持科技领军企业牵头组建体系化、任务型创新联合体，以合同、合作、资助等形式参与高校、科研院所的基础研究及成果应用转化，建立引才引智示范基地、设立首席科学家岗位引进高层次科技人才，形成联合攻关合力，突破基础软硬件、先进材料、核心零部件等瓶颈制约，解决跨行业、跨领域关键共性技术难题，推动产业链、创新链和价值链融合发展。

（四）做实战略科技力量“立足点”：把加强前瞻性思考、全局性谋划、战略性布局、整体性推进以及打造区域科技创新中心作为优化科技资源配置与营造优良创新生态关键点，深化科技体制改革攻坚的着力点，使其成为一流创新人才的重要汇集地

围绕战略必争领域抢占制高点。聚焦空间和天文、粒子物理和核物理、地球系统与环境、生命健康等基础研究“无人区”，瞄准人工智能、集成电路、高端制造、生物育种、空天科技、深地深海等前沿领域，紧扣粮食和重要食品、能源和材料、信息网络、军民融合、生物生态等涉及发展与安全的领域，打造高水平“科技先遣队”，强化国家自主创新示范区、高新区、经开区、大科城等的自主创新功能，抢占新一轮发展先发优势。

构建“三层”“三位”一体工作模式。“三层”即决策层、设计层和执行层，决策层制订战略科技方向、目标及实施方案，设计层提出发展需求及执行部门，执行层负责牵头实施。“三位”即牵头、骨干和参与单位，牵头单位承担重大科技任务总体设计、分解和集成，骨干单位负责特定技术和产品攻关，参与单位指相关科研和转化及金融等，三类单位共同组成创新联合体。成立由战略科学家主导，行政部门、地方政府参与的战略科技力量咨询委员会，论证任务主体、运行机制、组织模式、评价考核与支撑保障等，制订体系化、建制化总路线图。

深化科技体制改革攻坚。落实“放管服”政策，强化“一件事一次办”，优化科研经费组织设计，以资源引导学科和团队交叉融合。完善人才激励机制，探索“举荐制”“生涯制”等人才发现与持续支持体系，让研究者主导实施“领跑”“并跑”型科研项目。完善资源配置方式，项目经费、人员和技术平台等创新要素配置要落实“揭榜挂帅”“经费包干”，以创新质量、贡献、绩效为导向分类评价，强化普惠性优惠、研发加计扣除、新增设备和固定资产加速折旧等政策。

2021年湖南省高新区创新发展分析报告

张小菁 李维思 廖 婷 谭力铭 文晓芬①

高新区是实施创新驱动发展战略的重要载体，是引领高质量发展的动力引擎。本报告基于2021年湖南省高新区绩效评价数据，总结了全省高新区在“创新、协调、绿色、开放、共享”五大方面的发展成效与亮点，分析了高新区创新发展的短板与不足，提出了推动高新区高质量发展的对策与建议。

一、成效与亮点

根据2020年底前批复的44家高新区的绩效评价数据分析，我省高新区贯彻新发展理念的工作成效明显、亮点突出。

（一）综合质效持续提高，成为全省经济发展的引领区

2020年度全省44家高新区共实现技工贸总收入22574.3亿元、生产总值5850.7亿元、利润总额907.4亿元、上交税金总额683.6亿元，同比分别增长8.4%、7.3%、10.3%、6.8%；以占全省31.6%的园区数量，提供了43.9%的技工贸收入、40.2%的生产总值、34.5%的利润、38.8%的税收；高新区全员劳动生产率36.5万元/人，高出全省产业园区0.2万元/人；亩均GDP、亩均税收、亩均固定资产投入分别为87.9

① 张小菁，湖南省科学技术信息研究所所长、研究员，主要研究方向为科技战略与政策；李维思，湖南省科学技术信息研究所副所长、副研究员，主要研究方向为产业竞争情报；廖婷，湖南省科学技术信息研究所副研究员，主要研究方向为科技统计与创新监测评价；谭力铭，湖南省科学技术信息研究所助理研究员，主要研究方向为科技创新监测评价；文晓芬，湖南省科学技术信息研究所副研究员，主要研究方向为竞争情报与大数据分析。

万元/亩、10.3 万元/亩、69.7 万元/亩①，同比分别增长 6%、5.5%、11.2%。

（二）创新创业活跃度不断提升，成为全省科技创新的集聚区

全省高新区共建有省级及以上研发机构 1230 家，同比增长 14.7%，其中国家级研发机构 190 家；省级及以上企业技术中心 391 家、工程技术研究中心 304 家、工程研究中心 121 家、重点实验室 98 家；省级及以上众创空间孵化器 165 家，同比增长 34.1%，其中国家级科技企业孵化器 16 家、科技部备案的众创空间 29 家；科技型中小企业 3007 家，同比增长 100.2%；规模以上工业企业研发投入占其营业收入的比重为 2.27%，远高于《中国制造 2025》提出的目标值（1.68%②）；全省高新区当年授权发明专利 3143 件，同比增长 10.6%。

（三）产业转型升级不断完善，成为全省产业发展的示范区

2020 年全省高新区高新技术产业营业收入 12172.4 亿元，占技工贸总收入的 53.9%，同比提升了 1.5 个百分点；高新技术企业 3734 家，占企业总数的 13.8%，同比提升了 2.4 个百分点。关键领域创新型产业集群蓄势崛起，助力我省打造工程机械、轨道交通装备、航空发动机三大世界级产业集群；长沙、益阳和株洲高新区纳入“中国先进制造业百强园区”；岳阳临港高新区获批国家先进装备制造高新技术产业化基地，浏阳高新区获批国家再制造高新技术产业化基地。

（四）生态环境不断优化，成为全省宜居宜业的先行区

高新区深入实施绿色制造工程，加快构建绿色制造体系，积极布局 5G、AI、新材料、新能源等与碳达峰、碳中和息息相关的高新技术产业，打造了绿色制造先进典型，浏阳、湘潭高新区入选国家绿色制造示范名单中的绿色园区。全省高新区工业企业增加值综合能耗为 0.44 吨标准煤/万元，已达到国家生态工业示范园区的指标要求（不超过 0.5 吨标准煤/万元）；森林碳汇基础较好，平均森林覆盖率达 33.0%，远高于国家生态工业示范园区的指标要求（大于 15%）。

（五）积极融入国内国际双循环，成为我省对外开放的样板区

在新冠肺炎疫情和中美贸易战双重压力下，全省高新区积极融入“一带一路”建

---

① 数据来源为统计局提供的 GDP、税收、固定资产投入、已开发面积数据；其中望城、开福高新区为自报数据。

② 《中国制造 2025》提出到 2020 年和 2025 年，规模以上制造业研发经费内部支出占主营业务收入比重目标分别为 1.26%和 1.68%。

设，致力于把湖南打造成国内大循环和国内国际双循环的重要节点。2020 年全省高新区出口总额 1051.9 亿元，占技工贸总收入的 4.7%，同比提升了 1.5 个百分点；抢抓湘南湘西承接产业转移示范区建设重大机遇，衡阳、郴州、隆回等湘南湘西地区高新区出口额持续快速增长；国际创新竞争力进一步提升，共新增 PCT 国际专利授权 35 件，新增国际标准 25 项、境外注册商标 12 项；海外留学归国人员和外籍常驻人员 4147 人，同比增长 18.5%。

二、短板与不足

通过数据对比和数据结构分析，我省高新区在企业研发平台建设、主导特色产业集聚规模、企业孵化培育等方面还存在短板与不足。

（一）企业研发平台建设有待加强

研发平台建设是支撑企业研发创新的重要载体，我省高新区企业研发平台覆盖率不高，以规模以上工业企业为例，全省高新区 5109 家规模以上工业企业中建有市级及以上研发机构的企业 849 家，规模以上工业企业研发机构覆盖率为 16.6%，其中省级高新区规模以上工业企业研发机构覆盖率仅为 10.8%，不足国家高新区的 50%。

（二）主导特色产业集聚规模有待提升

我省高新区主导产业规模小，集聚度低，配套缺口较大，特色化、差异化发展不明显。各高新区均发展 2~3 个主导特色产业，其主导特色产业平均集聚度①为 56.9%；高新区各主导特色产业平均规模为 107.2 亿元，仅株洲高新区的轨道交通装备产业达到千亿规模；先进制造业本地或短距离配套率过低，关键核心零部件和关键基础材料等配套和技术水平无法支撑优势高技术产业做强做大、集群化发展。

（三）企业孵化培育工作有待加强

近年来我省高新区创新创业孵化载体建设步伐加快，但从总体来看数量仍然偏少，且 80%集中分布在 15 家高新区内，仍有 8 家高新区尚未建有省级及以上科技企业孵化器和众创空间；同时我省高新区科技型企业培育水平还需提高，2020 年全省高新区高新技术企业、科技型中小企业虽然维持了较高的增长水平，但较全省平均增长率分别

---

① 主导特色产业平均集聚度采用园区在定性问卷中填报的主导特色产业主营业务收入占技工贸总收入比重的平均值。

低了 7.9 个百分点、26.2 个百分点。

三、对策与建议

通过数据分析辅助科学决策，本报告认为要加速推进高新区高质量发展，需立足新发展阶段，贯彻新发展理念，以创建“五好”园区为目标，以问题和需求为导向，在补齐短板、填补不足上真抓实干。

（一）优化研发机构建设体系，积极布局高水平创新平台

支持高新区建立财政科技资金稳步增长机制，全面推行企业研发准备金制度，落实企业研发费用税前加计扣除、企业研发财政奖补、高新技术企业税收优惠等政策，引导扩大开展研发活动的企业覆盖面。支持规模以上工业企业、高新技术企业等自建或共建研发机构，在实施研发与产业化项目时，对建有研发机构的企业予以优先推荐和支持。支持高新区对园区内已建研发机构进行梳理，有针对性地培育省级重点研发机构。省级重点实验室、技术创新中心、新型研发机构等创新平台优先在高新区布局，鼓励高新区积极争取国家级创新平台落户，对有望创建国家级创新平台的，采取“一事一议”方式加大支持力度。

（二）完善科技型企业梯次培育体系，增强创新动力源

大力实施高新技术企业增量提质行动，开展科技型中小企业倍增计划、中小微企业成长计划，壮大高新区科技型企业规模；加强高成长性科技企业的培育和引进力度，推动高新技术企业树标提质，培育和发展一批“独角兽”企业和创新型领军企业。支持高新区完善科技型企业培育政策体系，鼓励高新区结合自身企业培育和发展实际情况，设立创新型企业培育专项资金或奖励，给予高新区内的科技型企业分类扶持；加大知识产权、科技金融等政策扶持力度。支持高新区完善科技型企业服务体系，加强知识产权、企业管理、科技金融等专业化服务机构和平台建设，并加强服务规范管理，为科技型企业培育和壮大提供全生命周期的系统化、规范化服务。

（三）推进“一区一主一特”产业布局，打造特色产业集群

实施高新区主导产业提质增效专项行动，引导高新区立足自身资源禀赋和产业基础，按照“一区一主一特”明确重点发展的特色主导产业，提升产业集聚度，推进园区产业特色化、差异化协同发展。集聚科技专项资金、科技创新平台、政府性基金项目等资源，优先支持高新区特色主导产业发展。鼓励各高新区坚持围绕产业链部署创新

链，围绕创新链布局产业链，聚焦特色主导产业，整合省内外创新资源开展关键核心技术攻关，壮大产业链配套和服务业规模，促进产业向价值链中高端发展，打造先进制造业高地上的高峰；支持高新区围绕“三超”“三深”“三航”等我省基础优势的前沿科技领域，结合自身主导产业基础，积极引进转化一批科技成果、实施一批引领型重大项目、构建新技术应用场景，培育新业态、新模式，推动数字经济同实体经济深度融合，抢先布局未来产业。

附表 湖南省高新区绩效评价指标体系

一级指标	序号	二级指标	权重	类型
创新能力和创业活跃度（20%）	1.1	研发经费生产总值占比	1.1	定量
	1.2	省级及以上研发机构数	1.2	定量
	1.3	规模以上工业企业研发机构覆盖率	1.0	定量
	1.4	科技企业孵化器和众创空间数	1.1	定量
	1.5	万人新增授权专利数	1.1	定量
	1.6	当年注册企业数及增速	0.9	定量
	1.7	当年登记入库的科技型中小企业数及增速	1.0	定量
	1.8	管委会营造创新创业环境及发展导向符合国家总体要求评价	0.6	定性
结构优化和产业价值链（20%）	2.1	营业收入利润率	1.0	定量
	2.2	高新技术产业贡献	1.1	定量
	2.3	当年新认定高新技术企业数及增速	1.1	定量
	2.4	万人拥有本科(含)学历以上人数	1.1	定量
	2.5	人均技术合同交易额	1.1	定量
	2.6	创新型产业集群培育及发展状况评价	0.6	定性
绿色发展和宜居包容性（15%）	3.1	单位规模工业增加值能耗降低率	1.2	定量
	3.2	污水集中处理设施外排废水自动监控达标率	1.2	定量
	3.3	当地环境空气质量指数(AQI)不大于100的天数	1.1	定量
	3.4	园区土地节约集约利用指数 *	1.0	定量
	3.5	管委会当年可支配财力	1.0	定量
	3.6	新增从业人员数及增速	0.9	定量
	3.7	管委会促进产城融合与生态环保建设评价 *	0.6	定性

续附表

一级指标	序号	二级指标	权重	类型
开放创新和国际影响力（15%）	4. 1	内外资招商引资成效	1. 2	定量
	4. 2	出口贡献	1. 2	定量
	4. 3	外籍常驻人员和留学归国人员数	1. 0	定量
	4. 4	当年新增国际标准和境外专利授权数	1. 0	定量
	4. 5	管委会优化营商投资环境政策措施评价	0. 6	定性
综合质效和持续创新力（30%）	5. 1	当年技工贸收入贡献	1. 2	定量
	5. 2	上年度生产总值占所在城市(区县)GDP 的比重	1. 2	定量
	5. 3	亩均效益	1. 6	定量
	5. 4	税收贡献	1. 1	定量
	5. 5	全员劳动生产率	0. 8	定量
	5. 6	上市企业数	1. 0	定量
	5. 7	管委会的体制机制创新和有效运作评价	0. 6	定性
	5. 8	参与评价工作所报数据和相关材料的及时性、准确性评价	0. 5	定性

＊ 3. 4 园区土地节约集约利用指数：当年在土地利用方面因违法问题被省政府进行会议约谈和通报的园区，该指标计 0 分。

＊3. 7 管委会促进产城融合与生态环保建设评价：当年因环境问题被省级及以上生态环境主管部门挂牌督办、编制规划环评未通过评审以及发生重大安全事故的园区，该指标计 0 分。

长株潭创建国家区域科技创新中心优劣势分析及对策建议[①]

邓子纲 印道胜 师 曌 周海燕 林杰辉 李学文[②]

湖南省第十二次党代会明确"创建长株潭国家区域科技创新中心",对于推动长株潭纳入国家科技发展战略布局、争取更多创新资源落地,为实施强省会战略和打造长株潭都市圈提供重要支撑,具有十分重要且紧迫的现实意义。目前,武汉、合肥、郑州、西安、南京、成都等城市均在积极申报创建,竞争十分激烈。今年以来,省科技厅牵头组织课题组,深入分析长株潭地区与上述6个城市的优劣势,提出对策建议,科学编制方案,以期推动长株潭在激烈竞争中成功突围。

一、基础与优势

一是经济规模优势。2020年,长株潭地区生产总值17591.5亿元,在主要竞争城市中居第2位,仅比成都市少125亿元。二是科教资源优势。长株潭地区聚集了72所普通高校,居第2位,仅低于武汉(83所)。规模以上工业企业研发人员在主要竞争城市中居第1位。三是科创平台优势。湖南省的19家国家重点实验室全部分布于长株潭,数量超过成都(12个)、合肥(8个)、郑州(6个),涉及制造、材料、能源等8个领

① 本报告为2022年湖南省科技创新计划决策咨询项目"长株潭建设国家区域科技创新中心研究及方案编制"的阶段性研究成果。

② 邓子纲,湖南省社会科学院(湖南省人民政府发展研究中心)产业经济研究所所长、研究员,主要研究方向为科技创新、工业经济、管理学;印道胜,湖南省社会科学院(湖南省人民政府发展研究中心)助理研究员,主要研究方向为政策分析与社会治理;师曌,国网湖南省电力有限公司建设部专责、高级工程师,主要研究方向为科技创新、工业经济;周海燕,湖南省社会科学院(湖南省人民政府发展研究中心)副研究员,主要研究方向为区域经济及文化产业研究;林杰辉,湖南省社会科学院(湖南省人民政府发展研究中心)助理研究员,主要研究方向为产业经济、公司治理;李学文,湖南省社会科学院(湖南省人民政府发展研究中心)经济预测部部长,主要研究方向为宏观经济、政策分析。

域，其中，工程、材料、农业、生物化学领域形成领跑优势，粉末冶金、杂交水稻等在分属领域引领发展。四是科创成果优势。“十三五”时期，长株潭地区每万人口发明专利拥有量是全国平均水平的1.8倍多。2020年技术合同成交额位居中部第2位，“十三五”期间成交额年均增长率位居主要竞争城市首位。五是制造业发展优势。2020年，长株潭地区第二产业规模比成都、武汉、南京领先均在2000亿元左右，是合肥、西安的2倍以上。长沙、株洲已成为具有世界影响力的工程机械、轨道交通产业集聚地。2020年长株潭地区高新技术企业数较2016年增长1.48倍；科创板上市企业11家，高于武汉、西安、南京、郑州。

二、短板与不足

（一）科技创新产出与经济规模匹配不足

一是庞大的经济规模没有孕育出大量的创新型企业。2020年，长株潭地区高新技术企业5275家，和GDP规模接近的南京、武汉、成都相比，分别少了1232家、984家、845家。二是较强的科技创新能力没有衍生出庞大的产业集群。长株潭地区在通信网络安全技术、北斗卫星民用核心技术、深海装备核心技术等领域具有显著的技术创新优势，但没有形成与其创新能力相匹配的知名品牌企业和优势产业集群。

（二）科技创新投入不足结构不优

一是研发投入强度依然偏低。2020年，长株潭地区研发经费占GDP比重为2.95%，仅高于郑州，比排名第1位的西安低2.1个百分点。二是面向基础研究的经费投入不足。2020年，长株潭地区基础研究经费占全社会研发经费比重为4.64%，比全国平均水平低1.36个百分点，分别比合肥、成都、西安低9.03、3.03、2.20个百分点。三是财政资金导向作用发挥不足。2020年，长株潭地区财政科技支出占地方财政支出比重为4.87%，仅高于郑州和西安，而排第1位的合肥高达14.03%。

（三）科技创新成果转化能力有差距

一是技术输出能力不强。2020年，长株潭地区签订技术输出合同8523项，仅高于郑州，只相当于西安的17.2%、南京的32.5%、武汉的36.2%、成都的50.3%、合肥的71.6%；技术输出合同成交额占GDP比重为3.45%，与西安（16.45%）、成都（6.46%）、武汉（5.97%）、南京（4.56%）的差距明显。二是专利水平有待提升。2020年，长株潭地区发明专利授权量居第5位，仅相当于南京的62.2%、武汉的63.1%；每万人有效发明专利拥有量 29.1 件，低于南京(82.9 件)、武汉(51.9 件)、西安(48.0 件)、合肥(40.0 件)、成都(30.2 件)。

(四)重大创新平台和孵化平台缺乏

一是重大创新平台不足。目前，长株潭地区在综合性国家科学中心、大科学装置方面尚未取得零的突破；合肥作为综合性国家科学中心，拥有 8 个大科学装置，武汉拥有 2 个大科学装置，西安、成都、南京各拥有 1 个。二是创新创业平台数量较少。截至 2020 年底，长株潭地区国家级科技企业孵化器和众创空间的数量，比武汉、南京、西安、成都分别少 52 家、48 家、33 家、7 家。三是科技园区竞争力不强。2021 年国家高新区综合评价结果显示，长沙、株洲高新区分列第 15 位、第 30 位，除武汉因突发疫情未参与评比外，成都高新区(第 6 位)、合肥高新区(第 8 位)、西安高新区(第 11 位)、南京高新区(第 12 位)排名均高于长株潭。

(五)科技领军人才和后备人才紧缺

一是高科技人才匮乏。长株潭地区 2021 年有全职在湘院士 37 名，相比中国科学院院士 849 人、中国工程院院士 955 人，占比较低。国家创新人才推进计划(万人计划)和中青年科技创新领军、国家杰青科学基金入选数等跟竞争城市有较大差距。二是科技后备人才不足。近三年长株潭地区入选国家杰青的人数明显低于武汉、合肥等地。2020 年长株潭地区每万人在校大学生仅 576 人，远低于郑州(920 人)、武汉(857 人)、南京(812 人)、合肥(811 人)西安(719 人)。

三、对策与建议

(一)锚定“三个一流”目标，打造国家区域科技创新“策源地”

建设一流科技基础设施。面向轨道交通、材料、信息、航空航天等优势产业领域需求，按照“优化提升一批、启动建设一批、培育预研一批”思路，推动国家超级计算长沙中心升级以及大飞机地面动力学实验平台、航空发动机风洞实验装置等重大科技基础设施建设，为突破产业前沿关键核心技术提供物质条件支撑。建设一流科技创新平台。以岳麓山实验室、岳麓山工业创新中心(实验室)、湘江实验室(先进计算与人工智能)、芙蓉实验室(精准医学)等“四大实验室”为牵引，加快构建新型实验室体系。建设一流科技人才队伍。实施尖端科技人才引进专项行动，以产业发展需求、重大攻关项目和创新平台建设为纽带，定向引进一批“高精尖缺”科技人才和创新团队。实施更加开放的科技创新领军人才引进政策，更大力度地引进国际顶尖创新人才。构建全链条的科技人才培养体系，促进科技人才梯次成长。

(二)聚焦技术竞争核心优势，打造世界级创新型产业集群“集聚区”

培育先进制造业新优势。争创工程机械国家制造业创新中心，突破高端液压、大型轴承等产业核心技术，打造世界一流工程机械产业和研发中心。高标准建设国家先进轨道交通装备创新中心，研发国际领先的电力机车、城市轨道交通装备、新一代磁悬浮列车等创新产品及核心部件与关键系统。加快建设战略性稀有金属创新中心、长沙新材料产业研究院等创新平台，以先进储能材料、新型轻合金材料、先进硬质材料、碳基材料为重点，形成特色鲜明的新材料产业集群。打造国家数字经济产业新高地。瞄准先进计算、网络安全、智能终端、智能网联汽车等前沿新兴技术的发展和应用，以先进计算为核心加快推动数字经济融合创新，高标准建设长沙国家新一代人工智能创新发展试验区、世界计算·长沙智谷，引领计算与数字经济产业发展。壮大以北斗为引领的航空航天新产业。发挥全国北斗体系技术发源地优势，加快以北斗为引领的航空航天关键技术研发和转化，建设国家北斗产业重点城市和全国北斗卫星导航应用示范区。争创国家中小航空发动机创新中心，重点研制多用途中轻型运输机、无人机等装备，加快飞机起落架系统、直升机传动系统等关键技术研发，打造全国一流的通航整机制造基地。

(三)发挥“一带一部”独特优势，打造国家科技开放合作“新高地”

强化创新型湖南支撑引领。打造长株潭科技创新共同体，提升长株潭科技创新核心引领力。强化与湘南湘西承接产业转移示范区的创新互助合作，引领湘南地区深化与粤港澳大湾区科技创新合作，助力大湘西积极对接成渝双城经济圈和大西南地区，形成全域创新格局。构建“一带一部”开放创新枢纽。深化长江中游城市群省会城市合作会商机制，加强技术创新合作和产业配套协作。主动对接大湾区技术、金融、资本，有序承接大湾区优质产业转移，打造内陆城市与粤港澳深度合作示范区。在中医药、高端装备制造、种业等优势领域与广西、贵州、云南等地合作共建科创飞地和产业配套基地，与海南共建耐盐碱水稻技术创新中心、南繁基地。积极融入“一带一路”国际创新合作。主动融入西部陆海新通道，不断强化“一带一路”沿线国家科技和经贸合作，规划建设跨境科创产业合作区。不断拓展亚欧水资源研究和利用中心、湖南北卡创新创业中心等国际合作渠道，探索合作建立离岸创新中心。

(四)深化城市群协同创新，开启长株潭都市圈创新发展“新局面”

探索创新型城市群一体化改革。深入推进长株潭国家自主创新示范区建设，促进自创区、自贸区、湘江新区“三区联动”，产出一批区域改革协同创新的示范引领性制度成果。发挥长株潭国家创新型城市群优势，共建长株潭区域技术创新中心，建设长株潭科技公共服务平台，全面提升城市群创新能级。强化长株潭创新协同。整合湘江东西两岸科创、人才、产业等优势资源，构建集科技创新驱动、产业高端发展和高品质人居家园三大功能的湘江发展轴。强化国家级高新区创新引领，长沙高新区争创全球创新网络重要枢纽，株洲高新区全力打造中国动力谷核心区，湘潭高新区争创国家级绿色园区。促进科技成果转化。加强“校地、校企、校产”合作，加强以潇湘科技要素大市场、国家技术转移人才培养基地(湖南)为主体的成果转化服务体系建设，为科技成果转化提供全要素、全方位、全流程的专业服务。

第六部分

创新生态篇

湖南省地方财政科技投入结构优化分析[①]

张 越 张小菁 廖 婷 杨彩凤 雷筱娱[②]

地方财政科技投入是地方政府以财政拨款的形式直接或间接拨付给各级预算单位和创新主体，用于科技活动及管理服务[③]方面的财政资金，而地方财政科技支出是各创新主体对财政科技下拨资金的支出体现。科技部通过年度地方财政科技支出统计调查，来了解各地方财政科技投入现状和水平。本报告依据 2020 年数据对湖南省财政科技投入资金进行系统分析，剖析问题症结，为持续强化科技创新提供有效的财力支撑。

一、湖南省财政科技投入整体情况

2015—2020 年间，湖南省财政科技支出规模和强度快速提升，增速排全国第 1 位。全省财政科技支出总量从 2015 年 66. 26 亿元增长到 2020 年 220. 66 亿元(全国第 10 位)，年均增长 27. 20%(全国第 1 位)；支出强度[④]从 1. 16%提升到 2. 63%(全国第 12 位)，年均提升 17. 79%(全国第 2 位)，高于全国平均水平 0. 19 个百分点。

---

① 本报告为 2022 年度湖南省科技创新计划决策咨询项目“省级财政科技投入统计分析经济发展的贡献研究”阶段性成果，也是科技部课题“地方财政科技支出统计分析”研究成果之一。

② 张越，湖南省科学技术信息研究所副研究员，主要研究方向为科技指标研究与创新评价；张小菁，湖南省科学技术信息研究所所长、研究员，主要研究方向为科技战略与政策；廖婷，湖南省科学技术信息研究所副研究员，主要研究方向为区域创新能力评价与指标监测；杨彩凤，湖南省科学技术信息研究所副研究员，主要研究方向为创新能力监测与评价研究；雷筱娱，湖南省科学技术信息研究所副研究员，主要研究方向为创新能力监测与评价研究。

③ 科技活动及管理服务，包括科技研发、科技创新基地建设发展、科技人才队伍建设、科技成果转移转化、区域创新体系建设、科学技术普及、科研机构改革和发展建设等科技领域内容。

④ 支出强度指地方财政科技支出占本级一般公共预算支出比重。

（一）投入流向：主要投向市州和高校院所

2020年，省级财政科技投入（206科学技术支出科目）投向市州及县市区的资金占比接近60%，其中投入市州和县市区的资金比例为7∶3。投向省属及以上高校、科研院所等创新主体的资金占比为30%左右，用于机构运行、科研支出、人才引进、创新环境建设等，其中投入高校、科研院所（包含非附属医院）、企业的资金比例为6∶2∶2。投向相关省直属单位的运行经费占比为10%左右，用于科技、教育、科协、社科院、社科联、地方志、省级场馆、转制院所等省直部门维持机构正常运转，主要包括机构运行经费、事务管理经费、人员工资绩效经费等。

（二）投入领域：农业、健康和信息领域居前三位

2020年，省级财政科技投入（206科学技术支出科目）中用于科研活动的资金占比75%，其中主要投向农业农村领域，占比27%；其次为人口健康和信息领域，占比分别为17%和13%；现代服务业、新材料、先进制造领域占比均不足10%，剩余部分主要用于资源、能源、空天、海洋、交通、公共安全等领域。从"3+3+2"产业集群①来看，投入"3+3"先进制造业集群领域和种业、"双碳"研究领域资金合计占省级财政科技投入总额的比重不足10%。

（三）投入方式：稳定性经费支持占比最高

财政科技投入（206科学技术支出科目）支持方式，根据划分到拨款单位的经费性质，可分为稳定性经费、稳定性补助经费和竞争性经费三种。其中，稳定性经费支持占比40%左右，主要为政府开展科技工作的基本保障经费，包括省级科学技术事务各方面的支出、各类研究机构的运行费和科普等方面的支出，属于法定支出；稳定性补助经费支持占比26%左右，主要为针对某一类对象长期执行的稳定补助，可以根据政府科技公共财政职能来统筹安排，包括研发奖补资金、真抓实干激励资金、对各类创新平台及创新载体的补助及评估奖励等经费，属于政府自由裁量支出；竞争性经费支持占比34%左右，主要为需要通过竞争争取到的项目而获得的经费。

（四）功能分布：多用于创新环境建设和维持正常运转

2020年，省级财政科技投入（206科学技术支出科目）中用于研发活动②的资金占

① "3+3+2"产业集群指重点培育工程机械、轨道交通装备、航空动力三大世界级产业集群；重点培育信创产业、先进材料、节能环保新能源三大国家级产业集群；升级传统产业和培育新兴产业。

② 主要指开展研发课题研究，以及为开展研究而提供的配套和服务。

比34%，主要包括自然科学基金、社会科学基金、关键技术研发等竞争性科研经费和用于研发活动开展的稳定性补助经费；用于创新环境建设的资金占比33%，主要包括人才引进、平台建设、合作交流、科研奖励等经费；用于成果转化推广以及非研发类活动的资金占比8%，主要包括科技成果转化及产业化、技术转移中介服务、技术转移培训服务等经费；用于维持机构正常运转的资金占比25%。

二、湖南省财政科技投入存在的问题

(一) 财政科技投入总量偏低

2020年，全省财政科技支出总量220.66亿元，为中部第4位，不及安徽(369.98亿元)、湖北(287.85亿元)、河南(254.28亿元)，而地区生产总值和全社会研发经费投入总量均为中部第3位；全省财政科技支出与全社会研发经费投入之比为24.55%，全国排名第20位(北京、上海大于30%)；全省财政科技支出与全省地区生产总值(GDP)之比为0.53%，全国排名第13位。

(二) 财政科技投入统筹不够

2020年，科技部门统筹的专项资金(计入206科学技术支出科目)不足省级财政科技投入的三分之一。省教育厅高校"双一流"建设专项、省工信厅制造强省专项、"三高四新"战略专项、省农业农村厅科技专项中均有用于科技创新的专项经费，分别计入教育、制造、农业财政支出科目，导致各个资金归口管理单位财政资源支持分散。

(三) 财政科技投入引导不力

省级科技财政资金50%以上用于引导市州、县市区创新发展。然而，在市州、县市区财政科技支出中，其他科技支出科目资金占比为40%以上，其中有近半数的支出资金无法判断具体用途，而自然科学基金、科技重大专项、重点研发计划等专项资金支出占比不足10%。

三、优化湖南省财政科技投入建议

(一) 加大投入，扩大全省地方财政科技投入规模总量

一是增加直接投入，加大"三高四新"战略中科技项目补助资金支持。落实落细科

技补助资金安排（科技项目补助、国家超级计算长沙中心升级建设、岳麓山实验室建设、省科技创新馆改扩建等）。将财政科技投入作为战略性投入，加强资金使用统筹规划，进一步加大支持力度和规模。在新型基础设施建设中，安排科技创新基础设施专项投入。

二是推进资金整合，构建"集中力量办大事"体制优势的制度保障。建立健全省级政府部门的沟通协调机制，充分发挥科技领导小组的统筹协调作用，合理配置创新资源。2020年山东省出台《关于推进省级财政科技创新资金整合的实施意见》，提出整合科技、发展改革、工业和信息化、市场监管等部门管理的科技创新类资金，农业科技资金，省属科研机构发展资金，科学技术普及资金，以及中央科技资金，每年设立规模不低于120亿元的"省级科技创新发展资金"。此办法可为我省提供一定的借鉴。

三是加强配套力度，进一步发挥省级财政资金的引导作用。继续将地区财政科技支出总量及强度指标作为地区科技创新绩效考核主要指标，持续深化财税体制改革。各级地方政府应结合地区科技创新发展战略制订科技财政规划，推动配套制度建设；对于重点领域的财政资金配套，则应该根据地区科技创新和经济发展水平，由地方根据财政事权和支出责任统筹做好经费保障工作。

（二）优化结构，发挥全省地方财政科技投入联动效应

一是分清政府与市场功能定位，推动政府与市场联动投入。科学合理地确定政府财政科技投入的边界和方式，财政资金应重点支持市场不能有效配置资源的基础前沿、社会公益、重大共性关键技术研究等公共科技活动，努力实现财政资金效益最大化和效率最优化。调动社会各方面力量参与的积极性和主动性，引导激励企业和社会力量加大科技投入，切实发挥创新主体的内生动力和自主创新作用，使市场在资源配置中起决定性作用，形成推动科技创新的强大合力。

二是分清省、市、县科技事权，探索三级财政科技投入联动机制。从制度上推进科技领域省级、市州级、县市区级的事权划分，解决科技事权划分模糊、职责交叉重叠等问题。省级财政资金应重点支持全省主导产业关键技术和支柱产业升级的共性关键技术研究；市州财政资金应侧重配套省级重大共性关键技术研究的科研经费，引导企业自筹配套产业化经费；县市区财政资金应结合本地区实际，着重调动创新主体积极性，鼓励创新主体推动产业创新，重点支持区域重点产业等成果转移转化与产学研协同转化应用。

三是分清支持方式，进一步提升资金配置和使用效率。逐步完善科技计划项目中稳定性支持、稳定性补助支持、竞争性支出的比例，对于目标清晰的重大科技攻关，要整合全产业链的相关要素，创新科技投入集中整合模式；对于受到创新资源条件约束

的科技攻关，要有效协同要素投入，提高科技资源利用效率；对于涉及重大突发事件的科技攻关，要形成快速高效的动员组织机制。

（三）做强优势，突显全省地方财政科技投入使用重点

一是重点支持优势领域。省级财政科技投入资金应重点保障全省科技创新规划中重大资源布局、重大科研基础设施建设、基础研究、核心技术攻关等方面的经费支持，集中力量重点支持种业、计算、材料、先进制造等优势领域和产业集群，努力实现对“卡脖子”技术和核心领域的精准支持。

二是重点偏向研发投入。强化财政科技投入的研发导向，大幅提高财政研发投入占财政科技投入的比重。对战略目标清晰的重大科技攻关，要创新科技投入、集中整合模式，对需要稳定队伍、长期研发积累才可能突破的基础前沿研究，采取优势团队、领军科学家的稳定连续支持方式。

三是重点倾斜基础研究。引导企业增加基础研究投入，与科研院所、高等学校联合开展基础研究，推动基础研究与应用研究的紧密结合，减轻科研人员负担，营造“鼓励探索、宽容失败”的社会氛围；加强对基础数据、基础标准、种质资源等工作的稳定支持，为科研提供基础性支撑。

湖南省科技创新政策体系现状及优化[①]

李国海[②]

一、湖南省省级层面发布的科技创新政策文件基本统计

自党的十八大以来，我省高度重视科技创新工作，出台了促进科技创新的系列地方性立法文件和大量的政策性文件。目前相关的地方性立法文件主要是“四条例”加“四办法”，即《湖南省科学技术进步条例》《湖南省科学技术普及条例》《湖南省高新技术发展条例》《湖南省长株潭国家自主创新示范区条例》《湖南省实施〈中华人民共和国促进科技成果转化法〉办法》《湖南省实施〈中华人民共和国中小企业促进法〉办法》《湖南省科学技术奖励办法》《湖南省实施〈实验动物管理条例〉办法》。

在政策性文件方面，经我们检索、收集，自2012年以来，湖南省委、省政府及省级各部门先后共出台了90份与科技创新有关的政策性文件。其中，由省委、省政府发布的政策性文件共4份，省委办公厅、省政府办公厅发布的政策性文件共10份，由省科技厅与其他省级部门单位联合发布的政策性文件共134份，由省科技厅单一部门发布的政策性文件共62份。截至2021年9月底，已有71份文件失效，维持生效状态的只有19份。

二、湖南省科技创新政策内容的体系化梳理

我省省级层面出台的科技创新地方性法规和政策性文件数量多，内容广，政策措

---

① 本报告为2019年湖南省科技创新决策咨询暨软科学重点项目“湖南科技创新政策体系现状及优化对策”中期成果。

② 李国海，法学博士，中南大学法学院教授、博士生导师，主要研究方向为经济法、科技政策。

施繁多。笔者所在课题组对我省省级层面出台的科技创新政策措施进行了摘录、梳理，初步构建了科技创新政策体系，以使这些政策获得有条理、有逻辑的呈现。

课题组将我省省级层面抓科技创新的努力概括为四个方面：(1)政府使用财政、税收、金融等基本手段促进科技创新；(2)政府重点抓好科技创新的核心环节；(3)政府致力建设良好的科技创新生态，优化科技创新的条件；(4)政府对科技创新的相关主体予以激励，并建设好引领科技创新的平台。

以此为基础，我省科技创新政策在宏观上可以归纳为四大维度：(1)手段维度，即政府使用财政等基本手段促进科技创新的政策；(2)环节维度，即政府抓好科技创新核心环节的政策；(3)生态与条件维度，即政府建设科技创新生态和条件的政策；(4)主体及平台维度，即政府激励、建设科技创新主体及平台的政策。上述四大政策维度均包含若干类政策包，各类政策包又包含众多具体政策措施。以政策维度—政策包—具体政策措施为骨架，就可以建构起整体的科技创新政策体系。需要说明的是，四大政策维度之间的关系并非完全的横向并列关系，而是相互之间有所牵连和包容，比如，政府抓科技创新的核心环节使用了财政、税收等基本手段，同时，政府激励科技创新主体、建设科技创新平台也离不开财政、税收等基本手段的运用。这是因为政府抓科技创新的四个方面本来就不能完全割裂，而是属于相互连接、相互配合的关系。

基于上述逻辑，可将我省科技创新政策体系作如下描述。

1. 政策维度之一：政府运用科技创新促进手段的政策

这一维度包含三大政策包，其具体内容为：(1)促进科技创新的财政政策包，具体包括了促进和资助科技创新的事前资助政策、事后补助政策、风险补偿政策、政府采购政策、财政基金投入政策、财政补贴及优惠政策、财政奖励政策等。(2)促进科技创新的税收优惠政策包，具体包括引导和扶持企业研发创新的税收优惠政策、推进科技创新平台和园区建设的税收优惠政策、促进科技成果转化的税收优惠政策、促进科技创新的其他税收优惠政策。(3)促进科技创新的金融类政策包，具体包括促进科技创新的间接融资支持政策、直接融资支持政策、保险支持政策、社会资本投资支持政策、基金支持政策等。

2. 政策维度之二：政府抓科技创新核心环节的政策

这一维度包含三大政策包，其具体内容为：(1)科研项目管理政策包，具体包括：优化项目规划、立项流程的政策；保障项目开展、实施的政策；改进项目评估验收机制的政策；加强项目信息公开与失信惩戒的政策；等等。(2)科研经费管理政策包，具体包括：规范经费来源及拨付政策；减轻科研人员事务性负担政策；加强科研经费激励作用政策；加强科研经费使用监督政策；优化横向经费的管理政策；等等。(3)促进科技成果转化的政策包，具体包括：促进科技创新的职务成果权利归属政策；促进科技创新的成果转化利益分享政策；发展科技成果转化专业服务机构的政策；激励产学研合作的政策；优化科技成果转化评价机制的政策；促进科技成果转化的容错政策；等等。

3. 政策维度之三：政府建设科技创新生态与条件的政策

这一维度包含四大政策包，其具体内容为：(1)促进科技创新的科技管理政策包，具体包括：设立并明晰奖惩措施支持科技创新的政策措施；规范评价评估管理支持科技创新的政策措施；制订并优化科技计划支持科技创新的政策措施；持续推进“放管服”改革支持科技创新的政策措施；加强创新政策审查、完善工作支持科技创新的政策措施；等等。(2)促进科技创新的人才政策包，具体包括：加强人才培养和引进的政策措施；盘活人才资源的政策措施；优化人才创新创业环境的政策措施；强化人才激励的政策措施；强化人才保障的政策措施；等等。(3)促进科技创新的资源共享政策包，具体包括：建立完善的科技报告制度支持科技创新的政策措施；建立共享科技信息系统支持科技创新的政策措施；加强科技资源共享支持科技创新的政策措施；等等。(4)致力于建设科技创新文化的政策包，具体包括：关于举办各种科技创新竞赛的政策措施；关于树立诚信的科技创新风气的政策措施；鼓励在科技创新上大胆探索的政策措施；实施专项科技奖励制度的政策措施；加大科普力度的政策措施；等等。

4. 政策维度之四：激励、建设科技创新的主体与平台的政策

这一维度包含四大政策包，其具体内容为：(1)对科技创新主体的激励与支持政策包，具体包括对一般企业、国有企业、中小企业、高等院校、科研院所、科技创新联盟等科技创新主体的激励与支持政策措施；(2)激励、扶持示范性科技创新主体的政策包，具体包括激励、扶持高新技术企业、技术转移示范机构、科技企业孵化器、科技型中小企业、新型研发机构、星创天地、科技咨询机构、众创空间等示范性科技创新主体的政策措施；(3)建设、激励示范性科技创新机构类平台的政策包，具体包括建设、激励重点实验室、工程技术研究中心、工程研究中心、科技基础条件平台、国家重大科技基础设施、技术创新中心、临床医学研究中心、双创示范基地等示范性机构类平台的政策措施；(4)建设、激励示范性科技创新区域平台的政策包，具体包括针对创新型省份、创新型城市、创新型县(市、区)、高新技术产业开发区、国家自主创新示范区、农业科技园、大学科技园等示范性区域类平台的政策措施。

三、湖南省科技创新政策的亮点与实施成效

（一）我省科技创新政策的亮点

党的十八大以来，在中央确立的创新驱动发展战略的引领下，在党中央和国务院高度重视抓科技创新工作并出台一系列科技创新政策文件的示范下，湖南省委、省政府也对科技创新工作予以高度重视，坚持把创新作为引领发展的第一动力，特别是2018年湖南获批建设创新型省份后，科技创新工作得到了更大的重视。湖南省委、省政府一直重视利用科技创新政策谋划、推动科技创新工作，利用得力的政策措施引领、激励、支持各类主体积极参与科技创新，靠科技创新政策塑造良好的科技创新制度环境和文化环境，靠科技创新政策保护相关主体的科技创新成果和利益。可以说，我省科技创新政策亮点多多。

1. 科技创新政策已经基本形成覆盖面广、内容完备的体系

省级层面制定了以“四条例”及“四办法”为主体的地方性科技创新法规，先后出台了90份科技创新政策文件。这些政策文件包含大量的科技创新政策措施，覆盖了科技创新促进手段、科技创新关键环节、科技创新环境与条件建设、科技创新主体与平台支持等四个方面，覆盖面很广，与中央层面的科技创新政策措施覆盖面基本等同。同时，这些政策措施内容十分丰富，内部分工协作，形成了有机体系。

2. 科技创新政策的纵向布列已经基本到位

我省不仅在省级层面出台科技创新政策，而且在市、自治州层面，甚至县、市、区层面也出台有各自的科技创新政策，与此同时，一些高新技术产业开发区也出台了适用于自身范围内的科技创新政策。我们在调研时发现，长沙国家高新技术产业开发区、湘潭高新技术产业开发区等都出台有自己的科技创新政策，利用财政等手段促进科技创新，鼓励高新企业、科技企业孵化器等科技创新主体和平台建设、发展。

（二）我省科技创新政策的实施成效

1. 通过实施科技创新政策，显著地提升了全省科技创新的实力

截至2020年底，我省高新技术企业数达到8621家，是“十二五”末的4倍多。高新技术产业增加值2019年达到9472.89亿元。2019年全省研发投入总量达787.16亿

元，投入强度由 1.43%提升到 1.98%，提升幅度居全国第 2 位、中部第 1 位，是全国唯一研发投入总量和强度排名同步提升的省份。我省以“三超”“三深”为代表的创新成果领跑世界，装备制造领域涌现出一批国际先进水平的大国重器，并推动了新一代信息技术、新材料等领域关键技术自主可控。2016—2019 年 4 年获国家科技奖励 97 项，居全国前列。反映技术市场活跃程度的技术合同成交额连年大幅增长，2020 年达到 735.95 亿元，是 2015 年的 7 倍。作为湖南科技创新的最高地，长株潭国家自主创新示范区取得显著成效。截至 2019 年，该示范区技工贸总收入达 2.12 万亿元，较 2014 年增长 2.26 倍，高新技术企业占全省 48%，研发投入强度高出全省平均水平 1.47 个百分点，主要经济指标保持年均 10%以上增速，获国家奖励调扩区。在“十三五”期间，我省致力于完善科技创新体系，以创新型省份建设为统揽的全面创新格局加速形成。我省科技创新工作 4 年 4 次获得国务院真抓实干表彰激励，在全国排名第 2 位。

2. 实施科技创新政策有效地激励和支持了各类主体参与科技创新的积极性

我们在郴州市、永州市、湘潭市科技主管部门以及高新区、高新企业走访调研所获得的信息显示，中央层面的科技创新政策和我省省级层面的科技创新政策给企业、高校、高新区、科技孵化器、众创空间等各类主体或平台带来了显著的支持和激励，提升了这些主体从事科技创新的积极性和能力。

3. 通过实施科技创新政策有力地推动了科技管理等多领域改革

科技创新政策包含了大量的改革举措，我省通过制定、实施科技创新政策切实深入推进了诸多领域的改革。包括：财政投入科技创新的体制改革；金融支持科技创新的方式改革；科技创新的人才制度改革；科技成果转化利益分享机制改革；与科技创新相关的职称制度改革；职务科技成果权益归属制度改革；等等。这些改革举措进一步理顺了我省科技创新的各种体制、机制，增加了科技创新的动力、活力。

四、湖南省科技创新政策体系的不足

（一）技术层面的不足

1. 我省科技创新政策文件繁多，政策体系化程度有待进一步提高，尚未形成综合集成的政策链

由于缺乏系统设计，我省科技创新政策文件存在内容零散、同位同类政策内容重

复、政策焦点分散等缺陷，使得企业、高校、科研院所等科创主体难以全面地掌握政策信息，享受政策红利。

2. 科技创新政策文件有效期普遍较短，导致科技创新政策稳定性不高

2012年以来我省省级共出台了90份科技创新政策文件，至今已有71份文件失效，很多文件失效后没有替代性文件出台，导致某些有效的科技创新政策措施处于缺乏政策文件支撑的状态。

3. 科技创新政策自主性较弱，独创性不明显

我省现行关于科技创新的政策文件紧跟、照搬中央政策文件的较多，体现湖南特色、具有创新性的政策较少，科技创新政策的具体内容与兄弟省市雷同的较多，从湖南省情出发、注重发挥湖南独特优势的内容较少，总体上缺乏创新性和针对性。

（二）政策内容的不足

1. 部门之间、省级政府与市级政府之间政策协调性不够好

省级层面促进科技创新的政策往往涉及多个政府部门，如科技、财政、教育、人力资源、发改等部门，但在具体落实中，主要由科技主管部门负责，其他主管部门在具体政策制定和政策落实方面参与度不高，使得一些设想很好的政策难以真正获得好的实施效果。例如，省政府办公厅发布的《湖南省促进高等院校科研院所科技成果转化实施办法》规定，将科技人员参与科技成果转化的实际贡献作为高等院校、科研院所职称评聘的重要指标。这项政策由于教育主管部门、人力资源主管部门未出台具体的办法，其可执行性不高，实施效果不理想。与此同时，省级政策与市级政策之间互通性不强。省一级与市一级出台的同类政策存在内容冲突、标准不一的情况，易导致适用主体、适用条件混乱等问题。例如，省政府在《湖南省“十三五”科技创新规划》中提出，落实和完善政府采购促进中小微企业创新发展的措施，完善政府采购向中小微企业预留采购份额、评审优惠等措施，部分市级政府没有出台具体的政策。又如对省级重点实验室建设，省级政策较为泛化，长沙市却出台了多项具体支持措施，投入较多资源。

2. 科技创新政策文件中的柔性措施占比较高，宣示性条文较多，稀释了科技创新政策文件的含金量，也造成了科技创新政策制定资源的浪费

我省省级机构出台的90份科技创新政策文件中，普遍存在此类现象。我们在调研过程中发现，省里出台的政策文件规定了政府财政要不断加大投入支持科技创新，这些规定由于属于柔性措施，在某些市里就没有得到很好的实施。科技创新政策措施中，

过分倚重财政支持、税收优惠手段，金融支持较为空泛，可实施的政策措施不足，实践中实施效果不佳。

3. 政策扶持力度不够，政策落地效果不理想

以引进硕士研究生的政策为例，省会长沙市对新落户并在长沙工作的硕士研究生，两年内仅发放 1 万元租房和生活补贴，对比周边省会城市，补贴水准较低，缺乏竞争力。此外，我省促进科技创新的激励政策存在奖励条件烦琐、奖励门槛高、奖励欠缺针对性等问题，导致政策难以落地或实效不佳的情况出现。此外，某些出台之初具有较好效果的政策措施，随着时间推移，由于激励力度多年未变，出现了效果递减的现象。例如，省政府办公厅《关于加快众创空间发展服务实体经济转型升级的实施意见》规定，对众创空间内企业获得国内授权的发明专利按每件 3000 元标准给予一次性资助，就存在激励效果递减的现象。

4. 科技创新政策措施以追求效率目标为主，关注公平目标不够

我们在调研中发现，省一级的科技创新政策措施在处理区域科技创新发展的平衡性和差异性方面存在不足。在较长时期内，省一级科技创新政策较重视对重点地区尤其是长株潭地区科技创新的激励和推动，对其他地区尤其是湘西、湘南等科技发展较落后地区的科技创新政策激励不够。近年来，省级层面开始注意这个问题，对湘西、湘南地区的科技创新给予了较多关注，但停留在“给牌子不给票子”层面，硬核措施不够。

五、“三高四新”战略目标下湖南科技创新政策的优化建议

为优化湖南科技创新政策体系，更好地服务于省委提出的“三高四新”战略，我们提出如下建议：

第一，制订《湖南省科技创新促进条例》。为解决湖南科技创新政策体系化程度不高，内容分散、零乱等问题，建议由省人大常委会制订《湖南省科技创新促进条例》，以较高的位阶规定科技创新的核心政策，作为全省各级政府促进科技创新的基本法和核心法，成为其他科技创新政策的依据和统领。目前，重庆、江西、山西、湖北、辽宁等地已出台《科技创新促进条例》或《自主创新条例》，取得了较好的立法效果和实施效果，值得湖南借鉴。

第二，为已经失效的科技创新政策文件及时出台替代性文件，以保证各项政策措施继续获得政策文件的支撑。我们在梳理科技创新政策过程中发现，很多政策文件失效了，导致某些需要继续实施的政策措施处于无有效政策文件支撑的现象，这种现象

需要尽快消除，也需要在今后尽力避免，其方法就是经常性地进行政策文件梳理，提前评估政策文件的替代性需要，及时出台新的政策文件。

第三，加大科技创新投入。科技创新投入是发展科技、增强经济竞争力的基本前提，是发展知识经济、搞好科技创新工作的重要保证。建议我省进一步加大财政资金引导科技创新投入力度，通过税收、企业财务、资产管理等政策，为企业技术创新营造良好的政策环境。政策重点在于落实促进企业技术创新的税收扶持政策，包括高新技术企业所得税减免、企业研发投入加计扣除、技术转让所得税减免等方面的税收政策，同时加大科技信贷投入，建立政府引导、多方参与的科技型中小企业信贷体系，支持金融机构加大对科技的信贷投入。

第四，推动科技政策和创新深度融合，提高科技政策制定水平，实现科技创新政策本身的综合协调创新。我省出台的科技创新政策应体现湖南特色，注重发挥湖南的特殊优势，出台一些有独创色彩的具体政策。我省的科技创新政策适当向长株潭以外地区倾斜，逐步发挥长株潭国家自主创新示范区示范作用，带动其他地区科技创新，为全省经济社会高质量发展提供强大科技支撑。

第五，优化科技创新体制机制改革。统筹推进科技奖励制度改革，提高含金量，扩大影响力。建立健全财政科技投入增长机制，加大对创新创业的支持。加大科技领域的财政投入机制建设，完善政府科技金融体系支持机制建设。完善科研项目和资金使用监管机制与科研信用管理制度，建立覆盖项目决策、管理、实施主体的考核和绩效评估机制。深化科技体制改革，建立产学研深度融合的技术创新体系。依托岳麓大学城所形成的科研优势，改革创新体制机制，加大科研资源开放共享，破除企业与高校、科研院所合作“堵点”。

第六，加大科技领域“放管服”改革力度。突出企业创新主体地位，提升企业创新能力。政府在科技创新方面的资源投入应更多地采取后奖励模式，引入竞争机制，注重效果评价。政府在促进科技创新方面，应更多地注重科技创新环境优化、科技创新文化培植、创新主体之间的中介服务等方面，加强企业、高校等创新主体的自主创新能力，推动企业技术进步。政府应着力减轻科研人员的负担，破除对科研人员的各项政策束缚，调动科技人员的积极性，激励科研人员敬业报国、潜心研究、攻坚克难。优化科研项目和经费管理，完善有利于创新的评价激励制度，强化科研项目绩效评价机制，完善分级责任担当机制。

2021年湖南省科技期刊发展报告

苗　蕾　黄梅花　胡锡晟①

科技期刊传承人类文明、荟萃科学发现、引领科技发展。为深入学习贯彻习近平总书记关于建设世界一流科技期刊的重要指示精神，落实中国科协、中宣部、教育部、科技部联合印发的《关于深化改革 培育世界一流科技期刊的意见》，湖南对标“中国科技期刊卓越行动计划”，在全国率先启动实施培育世界一流湘版科技期刊建设工程，构建期刊创新发展体系，加快高端学术交流平台建设，推动湖南科技期刊高质量发展，为落实湖南“三高四新”战略定位和使命任务贡献科技期刊力量。

一、湖南省科技期刊总体发展现状

基于湖南省委宣传部2020年期刊核验数据，截至2020年底，湖南省公开发行且仍在出版的科技期刊共130种，列全国第11位②。

（一）湖南省科技期刊总体特征

湖南省科技期刊总体特征为：①地区分布，长沙104种居首位，占总量的80%，其次株洲、湘潭各7种（5.38%），衡阳4种（3.08%），岳阳、益阳各2种（1.54%），邵阳、吉首、郴州、常德各1种（0.77%）。②出版周期，以双月刊（59种，45.38%）和月刊（41种，31.54%）为主，约占总量的76.92%。③文种分布，以中文科技期刊占绝大多数（119种，91.54%），中英文科技期刊6种（4.62%），英文科技期刊5种（3.85%）。

① 苗蕾，湖南省科学技术信息研究所副研究员，主要研究方向为科技信息研究与服务；黄梅花，湖南省科学技术信息研究所助理研究员，主要研究方向为科技信息研究与服务；胡锡晟，湖南省科学技术信息研究所助理研究员，主要研究方向为科技期刊、科技智库。

② 数据来源于《中国科技期刊发展蓝皮书2021》。

④学科分布，工程类期刊 39 种(30.00%)，医学类期刊 36 种(27.69%)，农学类期刊 20 种(15.38%)，自然科学综合类期刊 16 种(12.31%)，交通运输类期刊 11 种(8.46%)，理学类期刊 4 种(3.08%)，其他类期刊 4 种(3.08%)。

(二)主管、主办、出版单位分布

湖南省科技期刊主管、主办和出版单位总体上分布较分散。①共有 52 个主管单位，平均每个主管单位主管 2.5 种科技期刊，其中仅主管 1 种科技期刊的主管单位有 29 个(55.77%)，主管科技期刊数量 8 种及以上的主管单位 3 个(5.77%)。②基于第一主办单位的统计显示，共有 89 个主办单位，平均每个主办单位主办 1.46 种科技期刊，仅主办 1 种科技期刊的主办单位有 72 个(80.90%)。③共有 121 个出版单位，平均每个出版单位出版期刊 1.07 种，其中出版 1 种科技期刊的出版单位有 118 个(97.52%)，出版科技期刊数量 5 种及以上的出版单位仅 2 个(1.65%)。

(三)科技期刊从业人员

湖南省科技期刊从业人员总数为 877 人。人员身份以在编人员为主(62.94%)；人员构成以采编人员为主(62.14%)；学历分布以本科学历为主(40.14%)，硕士占 27.59%，博士占 20.30%；职称分布为中级占 26.57%、副高占 21.21%、正高占 23.49%。

(四)科技期刊经营情况①

科技期刊经营方面，总收入类别中，发行收入占比 31.42%，广告收入占比 14.25%，新媒体收入占比最小，仅 0.78%；年总收入中，年总收入在 60 万元以下的期刊占 48.46%，在 100 万元以上的期刊占 29.23%；总利润中，盈利的期刊占 50%，其中利润在 10 万元以下的期刊有 31 家(23.85%)，利润大于 100 万元的期刊仅 2 家(1.54%)。

(五)科技期刊新媒体开展状况

湖南省科技期刊积极探索传统媒体和新兴媒体的融合发展。①期刊网站方面，已建设官方网站的科技期刊有 71 种，占湖南省科技期刊总量的 54.62%，年点击量在 10 万次及以上的期刊有 7 种(5.38%)。②官方客户端方面，已建设官方客户端的科技期

---

① 期刊出版行业收入相关数据各统计口径不统一，本文的期刊经营数据依据湖南省新闻出版局 2020 年年检数据，限于各期刊年检填报人理解的差异，各刊收入、支出数据可能存在统计不全面的情况，统计结果仅供参考。

刊有16种(12.31%)，其中拥有2个官方客户端的科技期刊有2种。每个官方客户端的下载量均突破1万次，其中活跃用户数量大于1万人的客户端有6个。③官方微信公众号方面，拥有官方微信公众号的科技期刊有39种(30%)，其中订阅人数超过1万人的期刊有8种(6.15%)，篇均阅读量大于1000人次的期刊有9种(6.92%)。④官方微博方面，拥有官方微博的科技期刊有5种(3.85%)，其中微博粉丝数量30万人以上的期刊有1种。

二、湖南省科技期刊的学术影响力

随着我国科技的快速发展以及湖南“三高四新”战略定位和使命任务的贯彻落实，湖南省科技期刊的学术交流作用日益显现，被越来越多的国内外重要数据库以及学术期刊评价机构收录。

(一)被国际重要数据库收录情况

湖南省科技期刊有2种被SCI收录，占全国被SCI收录期刊(225种[①])的0.89%，占湖南省科技期刊总量的1.54%。《中国有色金属学报(英文版)》和《中南大学学报(英文版)》在SCIE中均属于Metallurgy & Metallurgical Engineering学科，分属Q1区和Q3区。

湖南省科技期刊有5种[②]被EI收录，占全国被EI收录期刊(229种)的2.18%，占湖南省科技期刊总量的3.85%，分别为《中国有色金属学报(英文版)》《中南大学学报(英文版)》《中国有色金属学报》《中南大学学报(自然科学版)》《湖南大学学报(自然科学版)》。

湖南省科技期刊有6种被SCOPUS收录，占全国被SCOPUS收录期刊(814种[③])的0.74%，占湖南省科技期刊总量的4.62%，分别为《中南大学学报(自然科学版)》《湖南大学学报(自然科学版)》《中南大学学报(医学版)》《交通安全与环境(英文)》《数字中医药(英文)》《临床小儿外科杂志》，其中《交通安全与环境(英文)》《数字中医药(英文)》为近三年新创期刊。

① 数据来源于中国科学技术信息研究所2021年12月发布的《中国科技论文统计报告》的中国科技期刊和图书相关指标。

② 5种未包含2021年被EI新收录的《铁道科学与工程学报》和2022年被EI新收录的《交通安全与环境(英文)》。

③ 数据来源于《科技与出版》2021年第3期的《2020年我国英文科技期刊发展回顾》。

湖南省科技期刊有 2 种被 MEDLINE 收录，占全国被 MEDLINE 收录总数(136 种①)的 1.47%，占湖南省科技期刊总量的 1.54%，分别为《中南大学学报(医学版)》《中国当代儿科杂志》。

(二)被国内主要核心期刊或索引数据库收录情况

湖南省科技期刊有 9 种被 CSCD(核心库，2021—2022 年度)收录，占湖南省科技期刊总量的 6.92%；被 CSCD(扩展库，2021—2022 年度)收录的期刊有 9 种，占湖南省科技期刊总量的 6.92%；被《中国科技期刊引证报告》(核心版，2021 年版)收录的期刊有 55 种，占湖南省科技期刊总量的 42.31%；入选《中文核心期刊要目总览》(2020 年版)的期刊有 27 种，占湖南省科技期刊总量的 20.77%。湖南省科技期刊有 58 种入选了至少 1 种数据库或核心期刊，占湖南省科技期刊总量的 44.62%；有 14 种同时被上述 3 种数据库或核心期刊收录，占湖南省科技期刊总量的 10.77%。总体而言，湖南省科技期刊被国内重要数据库及学术期刊评价机构收录的情况较好。

(三)入选高质量科技期刊分级目录情况

截至 2021 年 11 月，湖南省科技期刊有 24 种入选高质量科技期刊分级目录，占湖南省科技期刊总量的 18.46%，其中入选 T1 级别的期刊有 5 种，分别为《中国有色金属学报(英文版)》《中南大学学报(自然科学版)》《中南大学学报(英文版)》《中国有色金属学报》《铁道科学与工程学报》；入选 T2 级别的期刊有 6 种，包括《中南大学学报(英文版)》(冶金工程技术领域)、《中南林业科技大学学报》、《矿冶工程》等；入选 T3 级别的期刊有 15 种，包括《中国普通外科杂志》《烧结球团》《机车电传动》等。

(四)被《科技期刊世界影响力指数(WJCI)报告》收录情况

湖南省科技期刊有 28 种被《科技期刊世界影响力指数(WJCI)报告》(以下简称《WJCI 报告》)2021 版收录，占湖南省科技期刊总量的 21.54%，占全国被收录期刊总量的 1.34%，其中入选 Q1 区的期刊有 4 种，分别为《中国有色金属学报(英文版)》《中南大学学报(英文版)》《中南大学学报(自然科学版)》《中南林业科技大学学报》；入选 Q2 区的期刊有 6 种，包括《中国有色金属学报》《湖南大学学报(自然科学版)》《中国临床心理学杂志》等；入选 Q3 区的期刊有 12 种，包括《中国普通外科杂志》《铁道科学与工程学报》《湖南师范大学自然科学学报》《中国现代医学杂志》等；入选 Q4 区的期

① 数据来源于中国科学技术信息研究所 2021 年 12 月发布的《中国科技论文统计报告》的中国科技期刊和图书相关指标。

刊有 9 种，包括《杂交水稻》《生命科学研究》《中国当代儿科杂志》《电池》等。

（五）入选"中国科技期刊卓越行动计划"情况

2019 年 9 月，中国科协、财政部、教育部、科学技术部等七部门联合下发通知，启动实施"中国科技期刊卓越行动计划"，计划总投资 11 亿余元，为具有国际影响力的国内科技期刊提供政策支持和发展机遇。中南大学主办的 2 种英文期刊、3 种中文期刊及参与申报的 1 个集群化试点入选"中国科技期刊卓越行动计划"，获专项资助经费 2596 万元，入选期刊总数在全国高校中仅次于清华大学。

三、培育世界一流湘版科技期刊建设工程进展

2020 年 11 月，湖南对标"中国科技期刊卓越行动计划"，率先在省级层面启动培育世界一流湘版科技期刊建设工程。湖南省委宣传部、湖南省科技厅联合印发的《湖南省培育世界一流湘版科技期刊建设工程实施方案（试行）》，坚持"重点引领、梯次跟进，以域施策、特色发展"，力争通过 5 年建设，推动 1～2 家科技期刊跻身国际一流期刊阵营，入选"中国科技期刊卓越行动计划"数量倍增，湘版科技期刊繁荣发展、持续壮大。同年 12 月，首批遴选、扶持了重点期刊 6 项，2021 年经项目申报评审立项梯队期刊 9 项、高起点新刊 2 项、期刊集群 1 项、监测平台 1 项和科技期刊杰出中青年人才 12 项，共计 31 项，截至 2022 年 4 月，已拨付专项资助经费 1330 万元。

（一）稳步推进项目扶持，重点期刊建设成效显著

一是重点期刊高质量发展，国际影响力明显提升。被国际权威数据库收录期刊数量增长，《铁道科学与工程学报》在 2021 年被 EI 收录，《湖南大学学报（自然科学版）》被 SCOPUS 数据库收录。学科话语权稳步提升，《中国有色金属学报（英文版）》JCR 总被引频次和影响因子均位于 Q1 区；《中国有色金属学报》《中南大学学报（自然科学版）》等 5 种期刊入选高质量科技期刊分级目录本学科领域 T1 级。《中南大学学报（自然科学版）》荣获第五届中国出版政府奖期刊提名奖。国际影响力逐步提升，《中南大学学报（英文版）》国际编委比例达 20%，《中国有色金属学报（英文版）》国际论文比达 34%，均入选《WJCI 报告》Q1 区和"2021 中国最具国际影响力学术期刊"。

二是加强期刊数字化建设，数字化出版成效初显。各期刊突破传统模式，加快数字化转型，利用多媒体新技术，加强内容建设，创新采编流程，优化信息服务，推进数字化出版。中南大学出版社建设复合数字化出版平台，升级采编系统，塑造全流程出版模式，明显提高了期刊编校质量，显著缩短了论文发表周期；加大实施开放科学计

划，丰富论文内涵，增强出版效果，国际市场传播和影响力明显提升，其中《中国有色金属学报(英文版)》论文月下载量达3.5万次，增长约30%。

三是搭建融媒体传播矩阵，期刊传播与服务能力稳步提升。《中南大学学报(英文版)》等期刊搭建微信公众号、门户官网等平台加强宣传推介，通过开发特色板块、增加互动功能等方式，扩大期刊传播范围，加快传播时效。《中国有色金属学报》以7.5万次传播量入选中国学术期刊微信传播力榜(TOP10)。《中国有色金属学报》(中、英文版)树立产学研用融合理念，开拓知识服务新路径，协同打造"有色金属在线"平台，构建材料、冶金行业的知识体系和知识图谱，积极探索用户个性化需求，建立知识精准推送系统，助力期刊自主运营、服务产业链创新发展。

(二)加大资金支持力度，推动科技期刊集群化发展

大力支持科技期刊集群建设，遴选实力较强的单位牵头组建功能相异、资源互补的虚拟刊群，推动湖南省科技期刊协同发展，集约化办刊能力不断增强。一方面，科技期刊集群雏形初显。湖南省科技期刊依托优势产业聚力发展，形成了交通制造类、农林类、医学类、矿冶类等科技期刊集群雏形，比如，12种矿冶类期刊达成建立矿冶类期刊集群共识，利用专业影响和行业声誉，搭建政产学研用交流平台。另一方面，"湘雅医学期刊集群"顺利组建。"湘雅医学期刊集群"集聚21种医学期刊，计划通过五年建设，构建医学知识服务数字化传播平台，打造学术资源、人才、产业相结合的运营模式，形成品牌效应；通过构建重点突出、特色鲜明、具有国际化传播能力的期刊矩阵，实现期刊差异化发展，探索集群化向集团化方式转变的路径。

(三)创新赋能科技期刊监测平台，探索精准动态监测

创新设置"科技期刊监测平台"，着力提升湖南科技期刊能力建设和管理水平，营造科技期刊持续发展的创新生态。依据"中国科技期刊卓越行动计划"期刊分类标准，构建分类分层的湖南科技期刊监测与评价指标体系，通过与权威数据库合作，构建基础数据库，依托湖南科技云平台，搭建科技期刊监测平台，开展动态监测与定期评估，发布湖南省科技期刊质量报告，展示湖南省科技期刊发展现状，为更好培育湘版科技期刊提供数据支撑和决策支持。

(四)创新人才培育理念，释放科技期刊出版人才活力

创新"科技期刊杰出中青年人才"培育理念，按运营管理和编辑出版类别选育了12名肯钻研、懂专业、善运营，兼具国际视野的科技期刊出版人才。一方面，鼓励办刊人才创新办刊理念，拓宽国际视野，提升期刊业务水平，办好办强依托期刊，形成典型案

例宣传推广，助力湖南科技期刊在数字化、国际化等方面迈上新台阶。另一方面，推动办刊人才围绕科技期刊服务创新发展路径、面向开放科学的学术传播等领域开展(案例)研究工作，为攻克湖南省科技期刊发展存在的难点、“堵点”问题提供理论支撑与实践支持。

(五)大力培育潜力期刊，科技期刊发展亮点纷呈

挖掘扶持特色鲜明、发展潜力较大的期刊，培育湖南科技期刊的新亮点和增长点。新创办的英文期刊中，《交通安全与环境(英文)》国际编委占比50%、稿源国际化为40%，国际化程度较高，2022年3月被EI收录；《数字中医药(英文)》通过搭建中医药全球知识服务平台，国际传播能力提升明显，已被SCOPUS数据库收录。优秀科技期刊厚积薄发，《中南林业科技大学学报》2021年入选《WJCI报告》Q1区，《矿冶工程》入选“中国期刊方阵双效期刊”，在服务产业发展和企业创新方面表现突出。

四、发展对策与建议

近年来，湖南科技期刊充分发挥优势学科和产业、院士领衔办刊作用，办刊水平、学术影响力方面都有了较大提升，但还存在不同程度的“小、散、弱”问题，如一流科技期刊规模较小，期刊主管、主办单位较分散，数字传播水平较弱等。新形势下，要抢抓机遇，推进培育世界一流湘版科技期刊建设工程，统筹科技期刊布局，加快数字化转型升级，推动期刊集群化发展，全面提升湖南省科技期刊的影响力和话语权，以科技期刊的高质量发展助推湖南经济社会的高质量发展。

(一)统筹科技期刊布局，进一步构建多层次梯队培育体系

一是做精做强重点期刊。坚持“一刊一策”，定期评估重点期刊发展状况，为改进办刊策略提供参考。支持重点期刊融合学科优势和产业需求，围绕“四个面向”主题策划，举办重要国际学术会议，增强组稿约稿能力，提升学术引领力和国际竞争力，更好发挥头雁效应。二是发展培育梯队期刊。统筹基础研究、工程技术、科普等各类期刊协调发展，加大后备期刊培育力度。引导期刊找准“对标期刊”，补齐短板，练好内功，一方面提升期刊服务能力，搭建产学研用交流平台，促进科技成果转化，更好服务学科和产业高质量发展；另一方面提升期刊影响力，冲刺下一轮“中国科技期刊卓越行动计划”。三是继续遴选高起点新刊。突出前沿引领、新兴交叉学科领域，遴选支持下一批高起点新刊。鼓励新刊充分发挥院士办刊力量和利用国际化交流平台，紧跟学科前沿，争取首发一流原创成果，提升国际话语权，努力建设“高起点、高层次、高质量”的

科技期刊。四是创新支持湖南特色优秀期刊。面向国家科技期刊学科布局，填补领域空白，扶持彰显湖南学术特色的优秀期刊，进一步提升湖南科技期刊整体学术影响力。

(二)加快数字赋能步伐，进一步增强数字出版服务能力

以省内集约化办刊搭建的数字化知识服务平台为示范，鼓励其他科技期刊主动适应新时代学术交流新特征，充分发挥平台、资源、人才等优势，加快数字化转型升级。通过与技术开发、出版运营等主体合作，整合科技期刊资源与学科、行业需求，推进自有平台建设，引进新媒体专业人才，探索论文网络首发、增强出版、数据出版、全媒体一体化出版等新型出版模式，大力提升数字化出版水平。全面融入创新网络，对接国际标准，引导期刊试用国际数字传播平台，不断优化自建平台功能，提升用户体验满意度。立足科研创新源头，针对科研创新全过程，提供智能化、数字化、网络化的高效精准知识服务。

(三)协同推进集群建设，进一步为期刊集团化转型蓄力

一是精心培育“湘雅医学期刊集群”。鼓励学习、研究国际出版机构的发展路径，找到适合自身的发展模式，在创新管理机制、整合办刊资源、开拓新媒体渠道等方面多下功夫，以群育刊、以刊带群、刊群联动，不断提升刊群规模质量，提高办刊的集约化、市场化水平，组建集群发布平台，塑造“湘雅医学期刊”品牌，切实发挥示范引领作用。二是挖掘集群雏形发展新集群。鼓励单刊抱团发展，共享专业的管理运营和平台资源，重点关注湖南优势产业集聚的期刊联盟，成熟一项、发展一项，不断探索集群化发展新路径、新模式，为集团化转型积蓄实力与经验。

(四)深化体制机制改革，进一步优化科技期刊发展环境

一是深化对科技期刊建设重要性的认识。压紧压实科技期刊主管、主办单位责任，增强其对科技期刊在建设国家创新体系、繁荣科学文化等方面重要价值的充分认识，扭转“科技期刊”被边缘化的现状。二是试点推进省内外期刊同质等效。逐步构建湖南省科技期刊分类分层评价体系，设立高校试点探索期刊同质等效机制，对省内优秀期刊给予充分认可。遴选推介省内科技期刊发表的优秀论文，引导高水平成果在本土期刊集聚。三是改进期刊服务管理工作。优化期刊审批管理流程和方式，不断改进期刊创办、变更、年检服务，开辟英文期刊审批绿色通道。四是畅通科技期刊人才成长渠道。出台科技期刊人才管理办法，畅通出版人才职称晋升路径，对科技期刊优秀人才加强宣传推介。引导科技期刊单位重视编辑人才的引进、培养、管理与激励，激发科技期刊人才活力。

图书在版编目(CIP)数据

智库视角：打造具有核心竞争力的科技创新高地 / 张小菁等编著. —长沙：中南大学出版社，2022.9

ISBN 978-7-5487-5105-2

Ⅰ. ①智… Ⅱ. ①张… Ⅲ. ①企业创新—核心竞争力—研究—中国 Ⅳ. ①F279.23

中国版本图书馆 CIP 数据核字(2022)第 173527 号

智库视角：打造具有核心竞争力的科技创新高地

ZHIKU SHIJIAO：DAZAO JUYOU HEXIN JINGZHENGLI DE KEJI CHUANGXIN GAODI

张小菁　管冲　蒋威　甘甜　李斌　编著

□出 版 人　吴湘华
□责任编辑　刘锦伟
□责任印制　唐　曦
□出版发行　中南大学出版社
　　社址：长沙市麓山南路　　邮编：410083
　　发行科电话：0731-88876770　　传真：0731-88710482
□印　　装　长沙雅鑫印务有限公司

□开　　本　787 mm×1092 mm　1/16　□印张 9.75　□字数 190 千字
□版　　次　2022 年 9 月第 1 版　□印次 2022 年 9 月第 1 次印刷
□书　　号　ISBN 978-7-5487-5105-2
□定　　价　128.00 元

图书出现印装问题，请与经销商调换